개정판

지구촌 문화 비교

장희정 지음

21세기 현재, 우리가 어디에 살든 이제 전 세계, 전 지구상의 한가운데 있다. 우리는 직간접적으로 수많은 문화권의 사람들과 교류하고 있으며 지구 반대쪽의 자연재해나 각종 분쟁, 질병, 사건 사고라 할지라도 직간접으로 영향을 받으며 살고 있다.

형설출판사
www.hyungseul.co.kr

머리말

현재 우리가 어디에 살든 사실은 이제 전 세계가 서로 연결되어 있음을 알 수 있다. 그리고 우리는 직간접적으로 수많은 문화권의 사람들과 교류하고 있다고 할 수 있다. 사실 우리는 지구 반대쪽의 자연재해나 각종 분쟁, 질병, 사건 사고, 산업 분야에 이르기까지 직간접으로 영향을 받으며 살고 있다. 그래서 우리는 나라밖의 일이라고 함부로 치부할 수 없는 시대에 살고 있다.

본 교재는 이러한 관점에서 다양한 문화를 둘러싼 에피소드와 상황을 다루고자 했다.

나와 혹은 우리와 다르기에 그것이 잘못된 것이 아닌 다름을 인지하고 객관적으로 받아들일 수 있도록 최대한 노력하면서 자료를 수집하였다. 나라마다 문화권마다의 물리적 특성보다는 보다 소프트웨어적인 측면을 기술하려고 나름 노력하였다.

각 국가의 지리적, 물리적 정보보다는 학생들이 사회에 나가서 국제적으로 교류하고 비즈니스를 하는 꼭 알아두어야 할 것을 정리해보았다.

물론 저자의 지극히 개인적 판단과 한정된 경험과 지식의 한계를 벗어나지 못한 점도 있을 것이다.

이 책을 통해 몇몇 사람들이라도 더 넓은 세계에 대한 호기심과 이해가 증폭된다면 좋겠다는 희망을 가져본다.

끝으로 늘 교재에 관심과 애정 갖고 챙겨주시는 형설출판사 부산 사무소의 소장님께 감사드리고 늘 촉박한 인쇄 일정을 조율해주시는 형설출판사의 관계자분들께도 감사한 마음을 전하고 싶다.

2021년 12월

신라대학교 관광경영학과 장희정

차례

제1장 문화에 대한 기초이해 / 13

제1장

1 문화에 대한 기초이해

1 문화란 무엇인가?

1) 문화의 정의와 개념

文化(문화)란

일상에서 흔히 사용하면서도 한마디로 정의하기 어려운 단어들 중에 대표적인 것이 "문화"(文化)라는 단어일 것이다. 문화는 "문"(文)과 "화"(化)로 이루어진 단어이다. "문"(文)은 각종 색상이 어우러져 나타난 문양, 무늬의 의미에서 유래되었다. 여러 색이 한데 어우러져 아름다운 문양을 연출한다는 의미의 문은 세월을 거치면서 점차적으로 언어 문자상에 나타난 상징 부호로 인식되거나 윤리적 행위적 측면에서 장식이나 인위적 수양의 의미를 지니게 되었다. 이후 의미가 발전되어 미선덕행을 지칭하는 용어로 변화되었다. 한편 화(化)는 변화, 생성, 조화의 뜻을 지닌 동사였는데 사물의 형태나 성질의 변화를 의미, 이후 변화 과정에서 점차적으로 가르침을 통한 교화나 선한 행위를 통한 감화 등의 의미로 발전하게 되었다.

일반적으로 문화라고 하는 것은 인간의 손이 가지 않은 천지자연이나 야만과 상반되는 의미로 사용되고 있다. 다시 말해 천연 상태의 자연계와 구분되는 인간 사회의 영역 즉 인간에 의해 성취된 제반 영역을 가리키는 용어라고 할 수 있다. 다시 말해 문화는 천연의 자연과 대조를 이루거나 교화되지 않은 야생의 상태, 즉 '야만' 또는 '질박'(質朴) 등의 개념과 대조를 이루는 용어라고 할 수 있다. 결국 문화란 한 사회의 개인이나 인간 집단이 자연을 변화시켜온 물질적 · 정신적 과정의 산물이라고 할 수 있다. 예를 들어 한국 문화란 오랫동안 한반도에서 우리 민족이 집단을 이루고 살아오면서 자연과 인간을 변화시켜온 물질적, 정신적 과정에서 이루어진 유무형의 산물을 의미한다고 할 수 있다.

서구에서의 Culture

한편 문화를 영어로 culture로 표현하는데 "culture"라는 개념은 라틴어의 '(밭을) 경작하다, 가꾸다' 혹은 '(신체를) 훈련하다' 등을 의미하는 데서 유래되었다. 즉 서구에서 문화(culture)는 원래의 자연을 인간이 가꾸어 만든 산물 또는 그러한 행위 양식을 의미한다.

다시 말하면 인간이 농경을 시작하게 되면서 각종 도구를 사용해 자연을 변형하고 개량해 만들어진 인간적 세계가 "문화"(culture)인 것으로 인식될 수 있다. 결국 서구 사회의 문화란 인류의 물질 생산 활동에서 발생하여 확대된 제반 정신 활동 영역을 말하는 의미로 넓은 의미에서 문명과 유사한 면을 가지고 있다고 할 수 있다.

2) 문화의 주요 범주

문화의 종류와 범주는 다양한 관점에서 구분될 수 있으나 일반적으로 아래와 같이 나누어 생각할 수 있다.

① 지적 · 정신적 · 심미적 능력을 계발하고 발전시키는 과정

- 정치, 경제, 예술, 철학 등이 대표적 사례

② 특정한 시대, 집단, 지역, 인간의 특정한 생활 방식과 패턴

- 특정 지역이나 시대, 국가의 생활풍습, 윤리와 도덕, 법률이나 규정, 청년, 노인문화, 특정 집단의 행동 양식과 가치관, 취향 등

③ 지적 산물이나 지적 행위, 특히 예술 활동

- 실질적으로 구현된 미술, 음악, 문학 등의 다양한 예술과 대중문화 등

2 문화를 인식하는 방법

문화는 일상에서 제각각 다양하게 인식하고 있다. 이는 문화의 다양한 측면을 나타낸다고도 할 수 있으며 또한 종종 문화에 대한 편견이나 오류를 낳기도 한다.

1) 품위나 교양으로서 문화

엘리트, 지배 계층의 관점에서 우월적인 위치로 인식하는 경우가 이에 속한다.

집단 내에서 일정 수준 이상의 학습 능력이 갖추어졌거나 학습된 상황을 문화로 인식하는 경우가 많다. 문화가 함께 살아가는 사람들의 산물인 동시에 학습된다는 점을 강조한다. 이러한 관점에서 19세기 인류학자 타일러(Tyler 1871)는 문화를 "지식, 믿음, 예술, 도덕, 법, 관습, 그리고 사회 구성원으로서의 인간이 획득한 기타 능력과 습관을 포함한 복합적 전체"라고 정의했다.

2) 발전이나 진보로서 문화

문화는 한 사회의 정신적, 물질적 발전 상태를 의미하는 것으로 인식하는 경우로 문화는 문명(civilization)이란 개념과 혼용되기도 한다. 서구 문화를 아시아, 아프리카 등의 문화보다 우월하다고 생각하는 잘못된 서구 제국주의의 문화관이 그런 것이다.

원래 서구의 문화(culture)는 곡물 경작과 동물 사육, 즉 좁은 의미의 농업에서 유래하였다. 그 후 문화는 정신의 계발을 묘사하는 단어로 변화했다. 문화라는 단어가 이런 차원의 의미를 지니게 되자 후에 개인의 능력 개발 전반까지 문화에 포함하게 되었고, 나아가 사회적 · 역사적 과정 전반을 포함하는 더 광의의 개념으로 확대되었다(Williams 1983). 이런 관점으로 인해 우리는 종종 문화를 문명과 혼동하여 타 문화를 평가하는 오류를 범하기도 한다.

3) 예술 및 정신적 산물로서 문화

현대 사회에서 문화는 주로 정신적이거나 지적이고 예술적인 산물을 지칭하는 의미로 사용된다. 여기에는 대중문화와 대립적 관점에서의 배타성, 순수성, 전문성과 같은 개념으로 인식하여 특정 순수예술만이 문화라고 잘못 인식하는 경우도 종종 있다. 특히 우리는 종종 문화를 '지적이고 특히 예술적인 활동의 실천이나 작품'으로 이루어진 것이라고 생각한다. 따라서 문화는 '음악, 문학, 회화, 조각, 연극, 영화'를 묘사하는 단어라고 잘못 오해하는 경우가 여기에 해당된다. 이런 의미의 문화는 흔히 '교양 있는' 사람들이 참여하는 세련된 활동만을 의미한다는 오류를 낳게 한다.

4) 상징체계, 생활 양식으로서 문화

가장 일반적 문화에 대한 인식이라고 할 수 있다. 사회학이나 인류학에서는 흔히 문화를 인간의 상징체계, 혹은 생활 양식으로 정의한다. 인간은 상징체계를 통해 사회를 경험하고 인식하며 다른 인간과 상호 작용과 의사소통을 한다. 문화를 상호 작용과 의사소통, 혹은 그것의 기반이 되는 상징체계로 한 사회의 관습, 가치, 규범, 제도, 전통 등을 포괄하는 총체적인 생활 양식을 의미하게 되는 것이다. 예를 들면 각 지역이나 국가의 결혼 제도, 세시 풍속, 음식 문화, 의복 문화, 구성원들의 일반적인 가치관, 정치 제도 등이 여기에 속한다.

3 문화의 속성과 기능

1) 문화의 속성과 기능

(1) 문화의 속성

문화가 지니는 일반적인 속성은 공유성, 학습성, 축적성, 다양성, 유사성, 가변성, 지속성으로 설명할 수 있다.

첫째, 공유성으로 문화는 과거 다른 사람과의 관계를 통해 습득되고 집단 내에서 개인 간 지속적으로 상호 교류하는 도구가 되며 집단 구성원 간에 동질적 문화를 공유하게 된다.

둘째, 다양성으로 민족 간, 지역 간, 국가 간 다른 문화가 형성되며 같은 사회의 모든 사람들이 비록 같은 문화 요소를 갖고 있더라도 각 개인은 어떤 상황에서 다르게 행동할 수 있다.

셋째, 유사성으로 문화는 여러 측면에서 상당히 다르지만 지리적 접근성, 민족적 동질성 등에 의해 서로 유사성도 갖고 있다.

넷째, 학습성으로 문화란 일정한 환경 속에서 구성원 간에 지속적으로 노출되고 학습되어 발현된다. 오랜 시간에 걸쳐 서로 학습되면서 공유되기도 한다.

다섯째, 지속성으로 문화는 구성원들 간에 학습되어 수용되면 공유되고 오랜 시간에 걸쳐 지속되는 경향이 있다.

여섯째, 가변성으로 문화는 오랜 시간에 걸쳐 지속성을 지니지만 환경의 변화와 시간의 흐름에 의해 끊임없이 진화, 자연스럽게 조금씩 변화하게 된다.

(2) 문화의 기능

문화는 다양한 기능을 한다. 문화의 기능은 대체로 구성원들 간의 의사소통과 교류 수단, 서로 간 예측할 수 있는 수단, 행동이나 의사선택의 틀과 기준이 되기도 한다. 그리고 구성원들에게 특정 환경에서 살아가는 지식과 기술을 제공하게 된다. 또한 타문화권과의 차이와 구별의 기준이 되기 한다.

첫째, 의사소통과 교류의 수단 기능으로 구성원들이 서로 학습하고 공유한 경험이나 언어와 제스처로 다른 사람(세계)과 의사소통을 할 수 있게 되며 문화의 공유로 인해 공감과 교감하게 된다.

둘째, 예측할 수 있는 수단으로 문화는 같은 문화권에 속해있는 다른 이가 서로 어떻게 반응하는지에 대해 서로 예측 가능하다. 이런 예측이 어긋날 경우 종종 갈등과 분쟁이 생기기도 한다.

셋째, 구성원들의 행동이나 의사 결정을 위한 선택의 틀로 문화는 선과 악, 합리성과 비합리성, 유쾌함과 슬픔, 그리고 안전함과 위험함 등에 대한 구별의 기준을 제공한다.

넷째, 구성원들에게 지식과 기술의 제공으로 구성원들이 주어진 환경에서 살아가는데 필요한 지혜와 지식, 기술을 제공(농사법, 전통산업 등)하는 것을 의미한다.

다섯째, 문화 간의 차이와 구별의 기준으로 서로 비슷한 문화적 배경을 갖는 사람을 구별하거나 다른 문화와의 차이와 구별의 기준이 될 수 있다.

문화 간 커뮤니케이션 능력이란

① 상대방에게 긍정적인 관심을 보이고 상대방을 존중할 수 있는 능력.
② 평가하기를 삼가고 판단하지 않으며 남에게 반응할 수 있는 능력.
③ 토론에 참여할 때 순서를 지키면서 남의 욕구와 열망에 대한 정확한 분석을 바탕으로 상호작용을 시작하고 끝내는 능력.
④ 새로운 생각과 경험에 대해 개방적인 능력.
⑤ 다른 문화권 출신의 입장에서 생각.
⑥ 낯선 행위를 주관적인 가치기준으로 평가하기보다는 객관화할 수 있는 능력.
⑦ 호스트 문화권 출신들과 의미 있는 관계를 유지.
⑧ 호스트 문화와 자신의 문화 사이의 유사함과 다른 점을 정확하게 인식하게 되는 능력.

(3) 문화의 형태와 내용

문화의 형태와 내용은 매우 다양하며 형태의 유무에 따라 구분이 달라질 수 있다.

- 언어와 문자, 제스처, 표정 등
- 식습관(음식 등), 주거, 기구, 무기, 직업, 각종 기술

- 예술: 조각, 회화, 음악, 춤, 문학, 신화
- 과학적 지식과 기술의 종류와 형태
- 종교, 의식, 의례, 각종 관습과 형식
- 가족과 사회 조직, 결혼 풍속, 친족의 범위와 유대정도, 상속 관계, 사회 규범과 통제, 가치관
- 재산의 형태와 내용
- 정치형태, 사법과 입법, 법률과 제도 등
- 갈등과 분쟁의 형태, 감정 교감의 방법과 수단

2) 문화는 왜 서로 다른가?

(1) 문화는 왜 서로 다른가?

문화는 국가별, 지역별, 소속 사회집단별 서로 다른 양상을 보이고 있다. 왜 문화가 다르게 발현되는가에 대해서는 다양한 원인이 있을 수 있다. 물론 같은 문화권이라고 하더라도 개인의 속성에 의해 세부적으로 다른 특징으로 발현될 수 있기도 하다.

① 자연환경의 차이

문화가 서로 다르게 나타는 가장 큰 원인으로 자연환경의 차이를 들 수 있다. 일반적으로 서로 다른 환경에서 인간이 살아가기 위한 수단이 제각기 달라진다. 예를 들면 자연환경 즉 생태 환경, 기후 등의 차이로 주거 문화(건축)와 복식 문화(의생활)는 물론이며 결혼 문화, 음식 문화, 주거 문화, 재산의 형태와 소유 방법 등이 다르게 나타나기도 한다. 이러한 자연환경의 차이로 인해 각종 사회 제도와 가치관, 규범 등이 달라질 수밖에 없다.

② 사회 환경의 차이

종교, 민족, 경제 환경 등의 차이로 인해 집단을 이루는 형태, 경제적 형태와 흐름, 가치관, 사회적 문화가 전반적으로 달라지기도 한다. 특히 정치나 제도 등은 문화의 차이를 가르는데 중요한 요인이 되기도 한다. 아이러니하게도 정치나 제도 또한 문화의 양상이기도 하지만 이로 인해 새로운 문화가 형성되기도 한다.

③ 개인이 속해있는 하부 집단에 의한 차이

비슷한 환경에서도 개개인이 속해있는 하부 집단 즉 가족 구성원, 직장, 학교, 동호회 활동 등에 의해 서로 영향을 주고받아 집단 간 개인간 문화의 차이가 나타난다.

④ 구성원들의 가치관과 자연과 사물을 바라보는 인식의 차이

예시를 들자면 다음과 같다.

◎ 사람들의 본성에 대해 어떻게 이해하는가?
→ 사람은 본래 착하다(성선설).
→ 사람은 본래 악하다(성악설).
→ 사람은 이 두 속성 모두를 똑같이 가지고 있다.

◎ 사람과 자연의 관계를 어떻게 보는가?
→ 인간이 자연을 지배해야 한다.
→ 양자가 조화를 이루어야 한다.
→ 인간은 자연의 힘에 복종해야 한다.

◎ 사람들 간의 관계를 어떻게 보는가?
→ 개인이 중심이 되며 기본 단위가 개인이다: 개인주의

→ 집단이 중심이 되며 집단이 기본단위가 된다: 집단주의
→ 위계질서가 중요하다.

◎ 인간의 활동과 업적에 의한 사회 변화에 대해 어떻게 받아들이고 있는가?
→ 현재의 상황을 받아들인다(보수적).
→ 변화에 잘 따른다(진보적).

◎ 사람과 사람 사이의 공간적 거리에 대해서 가지고 있는 개념
→ 사적 공간을 중시하여 일정 거리를 둔다.
→ 친밀한 관계를 중시하여 밀착한다.
→ 양자의 혼합 형태를 지니고 있다.

◎ 사람들이 과거, 현재, 미래 중 어느 시간대를 가장 중요시하는가?
→ 과거/현재/미래

3) 문화의 차이를 이루는 경계와 범위

① 민족이나 언어권에 따른 경계

동일한 민족이 동일한 언어권에서 오랜 세월 생활한 경우는 민족이나 언어권에 따른 문화적 경계가 될 수 있다. 그러나 예외적으로 단일민족이라 하더라도 오랜 세월 여러 지역에 흩어져 생활하거나 각기 다른 나라들로 나누어져 있을 경우 민족이나 언어권으로 문화적 경계를 나누기는 어려움이 있다. 이 경우 오히려 인접한 국가나 민족들과 유사한 문화를 형성하게 된다.

예를 들면 언어나 민족이 동일한 뿌리에서 출발한 독일과 오스트리아의 문화적 차이는 독일과 영국 간의 차이보다 큰 경우도 많다고 한다.

② 지리적 경계

지리적으로 문화적 경계가 뚜렷하게 나타나는 경우도 많으나 예외적으로 민족과 언어가 다를 경우 지리적으로 가까워도 다른 문화권을 형성하는 경우도 있다. 예를 들면 일본 대마도의 경우는 일본 본토보다는 오히려 한국(특히 부산 등)과 가깝지만 일본 문화권을 형성하고 있기도 하다.

③ 국가적 경계

일반적으로 많은 연구에서 문화적 경계를 국가 단위로 보는 경우가 많다. 왜냐하면 국가적 경계는 대체로 유사한 지리적 조건에 입지해있으며 정치적 경계를 유지하고 있기 때문이기도 하다. 그러나 동일 국가 내에서도 지리적, 민족적, 언어적 다양성이 존재하는 경우 동일한 국가 내에서도 다양한 문화가 형성되기도 한다. 대표적 사례로 국토면적이 넓어 매우 다양한 기후대를 지니고 있으며 더욱이 다민족으로 이루어진 중국, 러시아, 인도 등을 들 수 있다.

4 문화를 인식하는 기준

1) 문화를 표현하는 4가지 개념

문화는 외부에서 관찰 가능한 것과 외부인이 관찰 불가능하여 동일 문화권의 구성원이 아니면 이해할 수 없는 것이 있다.

예를 들면 특정 문화권에서 통용되는 상징(symbols), 영웅(heroes), 의례(riuals) 등과 같이 관찰 가능한 것과 가치(values) 등과 같이 동일 문화권의 구성원이 아니면 관찰 불가능하거나 이해 불가능한 것들이 있다.

● 상징(symbols)

→ 단어, 제스처, 그림, 사물로 동일한 문화를 공유하는 사람만이 인식하는 특별한 의미와 표현을 들 수 있다. 행운으로 인식하거나 불행으로 인식하는 특정한 물체나 표현, 상징들이 그 사례라고 할 수 있다.

→ 새로운 상징은 쉽게 만들어지고 낡은 상징은 쉽게 사라지고 한 문화권의 상징들은 다른 문화권에 의해 자연적으로 모방되고 이런 이유로 상징 문화를 형성하는 가장 외부층(외피)에 속하게 되기에 외부인이 쉽게 인식하거나 관찰 가능하기도 하다.

● 영웅(heroes)

→ 문화권마다 영웅성은 다르기도 하다. 특정 지역이나 공간의 역사적, 문화적 상황에서 특정한 인물이 영웅으로 추앙되는 것을 볼 수 있다. 이는 현존 혹은 과거의 인물, 실제 혹은 가공의 인물이 되기도 하며 경우에 따라서는 만화 주인공도 문화적 영웅의 역할을 하기도 하다. 때로는 이 영웅도 시대나 역사적 변화에 따라 다른 인물로 대체되거나 바뀌기도 받아들여지기도 한다.

● 의례(riuals)

→ 문화권마다 서로 다른 매너나 예절, 인사법, 타인에 대한 존경 표현방식, 사회적 종교적 의식을 가지고 있다. 예를 들면 결혼 제도, 세시 풍속, 가족 관계의 형식과 구성원의 감정 표현 방법, 즉 존경이나 사랑, 우호 혹은 적대적 표현 방식이 여기에 속한다.

● 가치(values)

→ 가치관은 외부인이 관찰할 수는 없다. 그러나 구성원들의 행동과

양식은 각자가 가진 가치관에 의거하여 이루어지는 것이 일반적이다. 표면적으로 드러난 행동 양식을 보고 그 문화권이 지닌 공통된 가치관을 추론하고 짐작할 수 있다.

2) 문화를 인식할 수 있는 4가지 기준

문화를 인식할 수 있는 기준에 대한 연구는 다양한 관점에서 이루어지고 있다. 본서에서는 대표적인 사례를 살펴보고자 한다.

Greaet Hofstede(네덜란드의 조직심리학자)의 연구 사례

- 모든 국가 문화를 4가지 차원으로 분류
- 50개국을 대상으로 인간의 태도와 행위에 영향을 미치는 4가지 문화적 가치체계를 연구하고 있다. 즉 권력거리, 불확실성의 회피, 개인/집단주의/남성성/여성성이다.

① 권력거리

→ 권력이 구성원들 사이에 불공평하게 배분되어 있다는 것을 전제로 하고 권력을 적게 가진 구성원들이 받아들이고 예상하는 정도를 의미한다.

→ 권력거리가 큰 사회는 모든 인간은 동등하지 않다는 전제에서 사람들은 자신의 위치를 인정하고 각자의 위치에 따라 권위를 부여하거나 받아들인다.

→ 권력거리가 큰 사회는 위계질서가 뚜렷하며 상하 간의 결속력과 상호 간의 의존성이 높은 점과 집단주의적 특징이 있다.

→ 반면 권력거리가 비교적 작은 사회는 상호 간의 독립성이 존중된다.

ex) 상사와 부하 직원 간의 존경과 경외심의 정도, 명령과 복종의 정도, 서열 간의 엄격성 정도 등이 이러한 권력거리에의 표현이라고 할 수 있다.

② 불확실성 회피

→ 삶의 불확실성에 대처하는 방법으로 계획성과 안정성에 초점을 두고 있는 기준이다.

→ 한 문화의 구성원들이 불확실한 상황이나 미지의 상황으로 인해 위협을 느끼는 정도를 의미한다.

→ 불확실성 회피가 높은 문화권은 안전과 익숙함을 중요한 가치로 인식하며 변화를 회피하고자 하는 성향이 강하다고 볼 수 있다.

→ 불확실성의 회피가 높은 사회는 모험이나 변화를 피하고 형식적, 관료적 규칙, 전문가의 충고에 보다 많이 의존하는 경향을 보이고 있다.

→ 불확실성의 회피가 높은 구조화, 형식화된 삶 속에 스트레스와 긴장을 느끼게 되면 구성원끼리 큰 소리로 말하거나 화를 내거나 하는 등의 감정을 나타내는 외적 표현이 허용되기도 한다.

→ 불확실성의 회피가 낮은 사회는 모험이나 의외의 상황에 정면돌파 하고자 하는 경향이 있다.

→ 불확실성의 회피가 낮은 사회에서는 의외의 상황에서도 구성원끼리 화를 내거나 감정을 지나치게 드러내는 것을 삼가는 성향이 있다.

표 1. 권력거리에 따른 사회의 차이점

작은 권력거리	큰 권력거리
사람들 간의 불평등 최소화	사람들 간의 불평등 인정
권력자와 권력이 없는 자 사이에 어느 정도 상호 의존 관계가 존재	힘없는 자는 힘 있는 자에게 의존하나 실제로는 의존과 반의존으로 양극화
부모는 아이를 동등한 인격체로 대우, 아이도 부모를 동등인으로 대우	부모는 아이에게 복종을 가르치고 아이는 부모를 공경
교사는 학생에게 수업의 주도권을 부여	교사는 수업의 주도권을 장악
교사는 사물적인 진리를 전수하는 전문인의 역할, 교사와 학생은 동등인	교사는 지혜를 전수하는 스승
교육 수준이 높을수록 교육 수준이 낮은 자에 비해 권위에 가치를 두지 않음	교육 수준에 상관없이 권위 행사에 가치 부여
직장에서 위계는 편의상 설정된 역할의 불평등	직장의 위계는 상하 간에 근본적인 불평등성 반영
권력 분산	권력 집중
상하 간에 보수의 차이가 크지 않음	상하 간에 보수의 차이가 큼
하급자도 의견 수렴에 역할	하급자는 명령에 복종
이상적인 상사는 하급자의 능력을 키우는 민주적 성향	이상적인 상사는 훌륭한 아버지 역할
특권이나 지위, 신분 표출에 부정적	특권이나 지위, 신분 표출이 요망되고 기대

③ 개인주의-집단주의

● 개인주의

→ 개인의 정체감이나 개인의 선택과 결정을 우선하고 존중하는 문화권을 의미한다.

→ 개인의 독특성이 최고의 가치이며 개인의 주체성, 흥미, 독립성이 강조된다.

→ 학연, 지연 등의 인간관계가 아닌 각자의 업무와 경쟁을 통한 개인의 능력 발휘, 자아실현, 개인의 행복을 최고의 미덕으로 삼고 있다.

→ 개인주의 문화는 명시적인 커뮤니케이션을 중시하는 저맥락 문화(low-context culture)로 명료한 언어적 설득력과 메시지의 명료성이 중시되는 경향이 있다.

● 집단주의

→ 자신을 우리(in-groups)라는 한 집단의 일부로 간주, 집단의 관점, 목표, 요구에 민감하며 자신이 속하지 않은 집단(out-groups)에 대해서는 배타적인 성향이 있다.

→ 자신이 속한 집단에 충성심이 강하며 집단 대다수의 결정과 선택에 따르는 것이 미덕으로 간주된다.

→ 집단에 대한 소속감이 매우 강하며 자신을 집단의 일부로 간주하는 성향도 강하다.

→ 집단주의 문화권에서는 자신의 생각보다는 타인의 생각과 타인으로부터의 인정에 큰 비중을 두는 경향이 있어 체면(face saving)과 수치(shame)의 문화가 존재한다.

→ 비교적 비언어적이며 암묵적인 표현법(사사건건 말하지 않아도 서로의 마음을 알아주는 문화)이 강한 성향이 있다.

→ 개인이 속한 집단과 상황을 전체적으로 인식하는 이른바 고 맥락

문화(high-context culture)권이 집단주의에 많이 남아 있다.

→ 상호 의존, 집단 구성원 간의 조화, 사회적 지위, 가족의 안전 그리고 협동과 협력이 매우 강조되는 특징이 있다.

표 2. 집단주의와 개인주의 사회의 주요 특징

집단주의	개인주의
사람들은 확대 가족 또는 집단에서 태어나 충성을 하는 대가로 계속 보호를 받는다.	정체성의 근원은 개인 안에 있다.
어린이는 '우리'라는 틀 안에서 생각하는 법을 배운다.	어린이는 '나'라는 의미 안에서 생각하는 법을 배운다.
조화는 항상 유지되어야 하며 직접적인 대립은 피해야 한다.	자신의 생각을 말하는 것이 정직한 사람의 특성이다.
고상황적 커뮤니케이션	저상황적 커뮤니케이션.
규칙을 위반하면 자기 자신과 소속 집단에 대해 수치심과 체면 손상을 느낀다.	규칙을 위반하면 죄책감과 함께 자기 존중감의 상실을 느낀다.
졸업장은 보다 높은 지위의 집단에 들어갈 자격을 제공한다.	졸업장은 경제적 가치와 자기 존중감을 높여준다.
고용주와 종업원 간의 관계는 가족 관계와 같이 도덕적인 측면에서 지각된다.	고용주와 종업원 간의 관계는 상호 이익에 근거한 일종의 계약 관계이다.
고용과 승진 결정은 종업원이 속해있는 내집단(in-groups)에 근거해서 이루어진다.	고용 여부와 승진 결정은 오로지 기술과 규칙에 근거해서만 이루어진다.
경영은 집단 경영이다.	경영은 개인의 경영이다.

④ 남성성-여성성

- 남성성: 구성원의 역할과 위치를 남녀의 역할로 뚜렷하게 구분 짓는 사회를 남성성이 강한 사회라고 할 수 있다.

→ 한 사회의 지배적 가치를 업적과 성공, 명확한 결과물의 획득에 두고 있으며 나이와 성별, 사회적 위치에 따른 명확한 서열을 짓고자 하는 성향이 있다.

- 여성성: 구성원의 역할을 각자의 능력과 잠재력으로 이루어진다고 전제하고 과정과 절차, 개인의 존중, 소수에 대한 배려를 매우 중요한 가치로 보고 있다.

- 남성성만이 존재하는 문화권이나 여성성만 존재하는 문화권은 거의 없으며 양쪽 다 존재하지만 상황에 따라 어느 쪽이 더 발현되느냐에 따라 결정짓게 된다.

- 또한 동일 문화권이라도 상황이나 시대의 변화에 따라 여성성과 남성성의 비중이 다르게 나타나기도 한다.

3) 문화를 인식하는 기준을 상황으로 본 사례

Edward Hall의 문화 인식기준을 2가지 차원으로 연구

에드워드 홀(Edward Hall)은 문화인식 기준을 2가지 차원으로 구분하여 연구를 하였다. 즉 high-context(고 상황 혹은 고 맥락)와 low-context(저 상황 혹은 저 맥락) 문화로 구분하고 있다.

● 고 맥락 또는 고 상황(high-context) 문화

개인보다는 개인이 속해있는 배경이나 상황이 중시되는 문화권을 의미한다. 그리고 소통이나 커뮤니케이션에 있어서 상호 간의 의사 전달이 다소 간접적이고 암묵적이다. 정보의 채널은 지연, 학연, 개인이 속해져 있는 집단이나 사회 연장선에서의 인간 관계나 비언어적인 단서에서 구하게 된다.

우리나라는 오랫동안 고 맥락 문화적 성향이 매우 강했는데 이로 인해 '눈치' 문화, 以心傳心(굳이 말하지 않아도 서로의 생각과 판단을 이해하는)문화가 발전해왔다고 할 수 있다.

한국과 중국, 일본은 비교적 고 상황 문화권으로 사람들의 경험이나 정보 네트워크에서 동질적인 측면이 많아 메시지와 반응이 모호하거나 획일적인 경우가 많았으나 점차적으로 젊은 층을 중심으로 바뀌고 있는 것이 사실이다.

표 3. 저 상황문화와 고 상황문화의 특징

low-context(저 상황문화)	high-context(고 상황문화)
발화에 의한 정보의 자유로운 유통	주위 상황으로부터 정보 얻음
비언어적 단서, 환경과 상황에 비의존	비언어적 중요성
상세한 배경 지식에 대한 요구	정보를 얻기 위해 물리적 상황에 의존
정보의 분석과 구분	환경, 상황, 제스처, 분위기 등이 감안됨
필요에 따라 정보 통제	폭넓은 정보, 네트워크 구축, 유지
정보 공급자로부터 명시적이고 세심한 지침을 선호	
지식은 상품	

● 저 맥락 또는 저 상황(low - context)

개인이 속해져 있는 단체나 사회의 배경보다는 개인이 가진 여건이나 조건을 더 중시하는 문화권을 의미한다. 소통이나 커뮤니케이션에 있어서 메시지 전달이 명료하고 언어적 메시지에 대부분의 정보가 들어 있다. 북유럽 국가들과 독일, 스위스, 미국은 저 상황 문화권으로 상호 간의 공동의 경험이 없는 이질적이며 유동성이 잦은 환경 때문에 소통할 때 보다 명확한 정보(언어 등)를 명시적으로 표현할 필요가 있다. 예를 들면 의사 전달을 명확하게 하고 개인의 주장이 명쾌한 상황이 많은 것을 의미한다.

5 타문화에 대한 오해와 편견

1) 문화에 대한 몇 가지 오해

문화에 대한 편견을 가지는데 영향을 줄 수 있는 요인

다른 문화에 대해 종종 잘못된 오해와 편견을 가지는 경우가 많다. 특히 자신이 속해있는 문화권을 중심으로 다양한 문화 현상에 대해 평가절하하거나 편견을 가지게 된다. 다른 문화에 대해 편견에 영향을 줄 수 있는 요인을 정리하면 아래와 같다.

경제수준, 질서, 예술활동, 문화적 유사성, 지리적 접근성, 나라의 크기, 인지도, 역사성 등을 들 수 있다

→ 경제 수준: 경제 수준이 높거나 풍요로운 국가일수록 그리고 예술활동이 활발할수록 발전된 문화를 가졌다는 편견 형성이 형성되기도 한다.

→ 문화의 유사성: 자신의 문화를 기준으로 보다 유사한 것일수록

친근감을 느끼게 되어 더 발전된 것으로 오해하는 경우도 많다.

→ 국토 면적이 넓거나 나라의 규모가 클수록 그리고 그 나라에 대해 많이 알고 익숙할수록, 현대적 관점에서의 규범이 명확하고 사회적 질서가 잘 지켜질수록 발전된 문화로 왜곡될 가능성이 높은 것이 사실이다.

문화와 문명을 혼동하는데 비롯된 특정 문화에 대한 편견(cultural bias)

문명은 개화된, 세련되어 있음을 의미하는데 이와 혼용하여 문화를 고도의 예술적 활동이나 철학, 역사와 같은 지적 활동과 연관 지어 문화를 인식하는 경우가 많다. 문화를 세련된, 교양 있는 등의 의미로 인식하여 원시부족들의 전통적 생활 양식이나 모습들에 대한 편견을 가질 가능성이 있다.

결국 사람들은 가치적인 척도나 지적, 예술적인 활동을 기준으로 특정지역의 문화가 다른 문화보다 발전되어 있거나 뒤처진다는 편견을 가지게 되는 경우 많다. 이러한 편견은 문화의 우월감 또는 열등감을 불러 일으켜 고유한 문화의 다양성을 이해하지 못하는 방해 요인으로 작용하게 된다.

문화에 대한 오해를 하게 되는 요인들

1. 유사성의 전제

사람 마음은 다 똑같다? 사람들은 기본적 욕구는 비슷하지만 욕구를 충족시키고 대응해가는 형태와 방법이 문화권마다 다름을 인식 못하는 경우가 발생한다.

일종의 유사성의 환상이 오히려 더 상대방 문화권에 대한 편견과 오해를 발생시키는 경우가 많다.

2. 자민족 혹은 자국 중심주의

자민족, 자국 중심으로 타문화를 평가하고 판단하게 된다. 자신의 문화가 가장 우월하다고 믿는 경향이 심각한 오류를 발생시킨다. 자신의 문화는 우리가 습득한 유일한 것이기 때문에 자신의 행위는 옳고 다른 사람들의 행위는 옳지 않다고 전제하면서 자신의 문화를 당연시한다.

3. 고정 관념

개인의 경험이나 자신이 속한 집단에서의 경험으로 타문화를 예측하고 판단하는 결과물이 고정 관념이 된다. 특히 특정 민족이나 인종, 성적 취향에 대한 고정 관념은 심각한 오류를 발생시키게 된다.

4. 언어의 차이

거절하는 방법이나 언어습관 등으로 인한 문화에 대한 오해가 발생하는 사례이다. '아니요'(no)가 '예'(yes)를 의미하는 경우가 되어 이에 익숙지 못한 외국인은 혼란스러워 할 것이다. 분명한 표현을 직설적으로 하는 언어권이냐 혹은 간접적으로 하는 언어권이냐에 따른 오해도 발생한다.

5. 비언어 메시지의 오역

표정이나 제스처, 몸짓, 자세, 시간이나 공간을 인식하는 방법에 따라 서로 오해를 하는 경우가 있다.

제2장

2 문화와 관광

1 문화와 관광의 관계

관광(觀光)이란 단어는 원래 觀國之光이란 단어에서 유래되었다. 다른 국가나 지역의 문화를 탐색하고 관찰하는 것이 바로 관광이다. 따라서 문화와 관광은 함께 공존해야 하는 것이다. 문화와 관광은 서로의 밑거름으로 성장하고 확대 재생산될 수 있다. 문화는 사람들의 이동과 교류에 의해서 확산되고 변화된다. 동시에 서로 색다른 문화가 있어야 사람들을 불러 모을 수 있다. 독특하고 독창적인 문화는 관광을 성장시킬 수 있으며 수많은 사람들 간의 이동과 교류는 그 지역의 문화를 더욱 융성하게 만드는 결과를 낳게 한다.

문화는 관광을 살찌우며 관광은 문화의 날개를 달아주고 관광 또한 문화라는 콘텐츠 없이는 성장할 수 없는 것이기도 하다.

2 관광의 역할

앞서 언급한 대로 문화는 다양한 교류를 통해서 전파되고 확산될 수 있다. 교류에는 다양한 형태가 있다. 교역, 이민, 여행, 관광, 방문 등이 있다. 그리고 정보 통신의 연결과 확대를 통한 정보 교류 또한 교류의 형태라고 할 수 있다. 또한 침략이나 전쟁 또한 바람직하지만은 않지만 비자발적 강제적 교류의 형태로 이러한 교류의 형태로 인한 문화의 변화 및 확대가 이루어지는 경우도 많다.

이러한 교류 중에서 관광은 가장 자연스럽고 긍정적이고 자발적인 사람 간 교류이기에 문화 교류와 확산에 가장 중요한 역할을 할 수 있다. 그리고 관광을 통한 교류는 정보, 물적, 경제적 교류, 문화적 교류가 동시에 이루어질 수 있다는 특징이 있다.

관광으로 인한 문화 교류는 시대적 트렌드를 따라서 역동적으로 이루어질 수 있다. 그런 측면에서 관광은 두 문화권 간의 상호 교류와 교환이라고 할 수 있다.

관광으로 인해 관광자나 현지인 모두 문화적 시야가 확대되며 다른 문화에 대한 이해를 할 수 있는 기회가 확대되기도 한다. 예를 들면 1992년 한국과 중국이 국교 정상화가 되면서 활발한 관광 교류를 통해 양국간의 이해와 친선이 급격하게 향상되기도 하였다. 그리고 1989년 이후 우리나라도 해외여행이 완전히 자유화되어 우리나라 국민들의 해외여행으로 인해 전세계 많은 국가와의 교류와 한국에 대한 인지도가 높아진 것도 사실이다.

관광으로 인해 관광자와 현지인 모두에게 타문화를 모방하고 체험할 수 있는 기회가 자연스럽게 생기기 마련이다. 그리고 관광자의 문화가 현지에 정착하는 경우와 현지의 문화가 관광자의 자국으로 유입되어 정착하는 경우도 많이 볼 수 있다.

예를 들면 한국인이 많이 가는 해외 관광지 주변에 한국 식당이 생겨나고 한국인의 먹거리 문화가 자연스럽게 그 국가나 현지의 지역사회에 정착되기도 하는 사례도 있다. 그리고 우리나라 사람들이 해외여행지에서 맛본 외국 현지의 먹거리 문화가 우리나라로 자연스럽게 유입되기도 한다. 베트남의 음식 문화, 중국의 음식 문화가 자연스럽게 우리나라에 정착하는 경우도 여기에 해당된다.

또 한국인의 해외여행객의 증가로 인해 전 세계 관광지에는 간단한 한국어와 한국의 상품(컵라면 등) 등이 전파되기도 하는 사례를 볼 수 있다. 여행지에서 체험하고 접한 다양한 외국 현지의 문화가 자연스럽게 우리나라에 유입되고 정착되는 사례가 많다.

3 문화의 역할

(1) 문화는 관광의 중요한 동기

새로운 문화 탐색은 관광 동기 중 가장 중요한 요소로 작용하게 된다. 서로 다른 문화, 그리고 유사한 문화 모두 관광의 중요한 요소로 작용할 수 있다. 다른 문화이기에 탐색하고자 하는 호기심이 생기기도 하고 관광객이 속한 문화권과 유사한 경우에도 친숙하기에 마음 편하게 방문하고자 하는 관광지로 선택되는 경우도 많다.

대체로 모험적이고 적극적인 성격의 관광자는 색다른 문화를 경험하고 탐색하기를 원하기도 한다. 예를 들면 아프리카 원시 부족 문화의 체험, 전혀 다른 식문화의 체험 등이 여기에 속한다.

안정적인 것을 선호하는 성격의 관광자들은 모험적인 것을 피하고자하고 자신이 속한 지역의 문화와 유사한 문화권 방문을 선호하게 된다. 안심하고 예측 가능한 문화권을 방문하고자 하는 성향이 강하다.

(2) 문화는 중요한 관광 자원

드라마나 영화의 촬영지 혹은 스토리의 배경이 되는 지역이나 대상은 중요한 관광 자원이 되기도 한다. 예를 들면 영화 반지의 제왕이 호빗의 촬영지로 세계적 관광 자원이 된 뉴질랜드의 경우가 대표적이다.

물론 이외에도 유명한 예술인들의 활동지나 예술작품의 배경이 되는 도시들은 시대를 넘어 세계적인 명소가 되고 있다. 모차르트, 반 고흐, 피카소 등의 활동지 및 작품의 배경이 된 도시들이 좋은 사례이기도 하다.

우리나라의 경우도 전주 등의 한옥마을을 중심으로 직접 한복이나 전통의상을 착용하고 관광지를 돌아다니면서 사진을 찍는 사례를 보더라도 문화가 중요한 관광 자원이 되고 있음을 알 수 있다.

이외에도 지역의 독특한 건축물이나 역사적으로 의미 있는 건축물, 유명한 건축가들의 작품 등도 중요한 관광 자원이기도 하다. 또한 유명한 전시회, 음악회, 독특한 공연과 행위 예술 등도 관광객을 불러 모을 수 있는 매우 중요한 매력물이기도 하다.

제3장

3 일본: 닮은 문화와 다른 문화

1 한국과 일본의 문화 차이: 대륙 문화와 해양 문화

1) 우리나라의 문화 원류: 대륙 문화

(1) 반도이지만 바다보다는 대륙

종종 우리나라를 한반도(韓半島)라고 지칭하기도 한다. 이는 절반은 섬이라는 의미이다. 우리의 문화를 지형적 특성의 관점에서 설명한다면 단연코 반도적 문화의 특징이라고 할 수 있다. 반도적 문화라고 하면 대륙 문화적 특성과 해양 문화적 특성이 혼재되어 있다는 것을 의미하고 있다.

실제로 우리나라는 대륙에서 이어진 반도 국가로 3면이 바다로 둘러싸여져 있어 대륙적, 문화적 특징과 해양 문화의 특징이 혼재되어 있는 것이 사실이다. 오랜 기간 해양을 통한 교류가 있었지만 전반적 문화기질로는 대륙 문화에 뿌리를 두는 것도 많은 것이 사실이다.

중국 등의 대륙을 통한 교류가 더 활발한 역사적 특징으로 인해 대륙적 문화 특성이 더 짙게 남아 있는 것은 사실이다. 이런 이유로 우리에게 오랜 기간 동안 바다는 "침략자", "유배", "풍랑", "소외", "이별" 등 다소 부정적 이미지가 강하게 남아 있었다. 이러한 사실은 많은 역사적 사건에서도 잘 나타나 있다.

(2) 대륙 문화적 특징들

대륙 문화의 특징을 살펴보면 아래와 같다.

첫째, 내향성으로 인하여 혈연, 지연, 학연의 집단주의 문화가 짙게 나타나있다. 특히 비목적 집단 중시, 혈연 중시로 인해 아는 사람과의 관계를 중요시하였기에 아는 사람간의 예의범절이 매우 중요하게 대두된다. 이는 수십 년 동안 한 마을에서 살아온 대륙 문화적 특징으로 인해 서로 간에 직접적 표현 없이도 마음이 통한다는 점이다. 예를 들면 以心傳心(이심전심), 굳이 말로 해야 아나 등의 인식이 강하여 오히려 확실한 의사 표시를 하게 되면 구성원들이 간혹 당돌함으로 인식하는 문화가 아직도 남아 있는 것이 사실이다. 아는 사람들, 편한 관계의 사람들로 인해 서로 간에 상처를 주기도 하고 지나치게 의존하는 성향도 있다. 즉 가까운 관계에서 간혹 상처를 주는 직설적 표현, 화풀이 문화, 술주정에 관대함 등이 대표적 사례이다.

둘째, 전통과 경험의 축적을 중시하며 다소 과거 지향적 사고를 하는 경향이 있다. 이는 노인이나 손윗사람을 우대하는 문화, 직장 등에서 나이나 경험자를 중시하는 경향에서 잘 나타나고 있으며 우리나라의 오랜 역사 등을 자부심으로 삼는 것 또한 이와 무관하지 않다.

셋째, 중용의 도리, 겸손과 양보의 문화이다. 이로 인해 자신을 낮추어서 표현하는 문화, 자기 주장이나 정확한 요구 표현을 잘난 체 하거나 혹은 건방지다고 받아들이는 문화가 남아있다.

넷째, 순응주의. 특히 자연에 대한 도전보다는 순응하는 문화로 전통가옥구조나 건축물, 좁은 오솔길 등 자연을 대하는 사상에서 잘 드러나고 있다.

전통건축물을 살펴보면 정원을 일부러 만들기보다는 자연 그대로의 풍경을 집안에서 감상할 수 있는 구조 즉 "借景"(한옥의 창과 문을 통해 경관을 보게 되는 방식)을 도입하고 있는 것을 보면 우리 조상들의 자연관을 짐작할 수 있다. 또한 굳이 나무를 베고 바위를 떼어 내어 길을 크게 직선으로 만들기 보다는 자연스러운 좁은 오솔길 등이 그것이다.

다섯째, 명분주의인데 이는 양반문화, 여백의 미, 무형의 가치, 체면이나 체통문화, 자존심 등이 존중되는 데서 알 수 있다.

여섯째, 낙천의식인데 이는 권선징악, 정의가 언젠가는 이긴다는 굳은 믿음, 한을 희망과 긍정으로 승화하는 데서 알 수 있다.

일곱째, 수직적 인간 관계로 연장자 및 경험자, 직책이 높은 사람을 중시한 것이 사실이나 이 점은 최근 들어 많이 무너지고 있는 것이 사실이다. 요즘은 수평적 관계를 중시하고 수평적 사고를 하는 것이 현실이다.

2) 일본 문화 원류: 해양 문화

(1) 자연과 맞서야 하는 문화: 거친 바다, 해일, 지진, 화산, 태풍 등

- **섬으로 이루어져 있어 항상 거친 바다와 맞서 싸워야 하는 해양 문화**

일본은 연중 강한 태풍에 노출되어 있으며 잦은 화산과 지진으로 인해 늘 새로운 도전에 직면해야 하는 상황이다. 언제든지 자연재해로 인해 현재 소유하는 것들이 모두 없어질 수 있다는 생각, 과거의 축적이 의미 없을 수 있음을 인식하고 있는 것이 현실이다.

이로 인해 많은 일본인들은 대륙에 대한 부러움, 새로운 안전한 곳을 찾아야 하는 열망이 강하기도 하다. 과거로부터의 축적보다는 미래에 대한 준비성이 더 필요하다는 인식이 강하며 늘 안전한 곳을 찾아 나서야 하는 인식이 강한 것이 사실이다. 이러한 상황 인식에서 대부분의 일본인들의 의식이나 가치관은 과거보다는 현재가 더 중요한 문화로 자리 잡고 있다.

(2) 해양 문화로 인한 특징

▶ 외향성으로 인한 개방성, 개척성이 강한 문화

화산과 지진, 거친 태풍으로 인해 늘 새로운 것을 만들어야 하고 외부로부터 많은 것을 수용하는 특성이 있다. 자연재해에서 벗어나거나 안전이 보장된다면 어떤 것이라도 받아들여야 하는 상황이기에 매우 개방적 성향을 지닐 수밖에 없다. 그리고 자연재해는 혼자서 막아낼 수 없으며 생존을 위해서도 주위 사람들과 협력해야 하는 상황에 놓여 있다. 따라서 그때그때 목적을 같이 하는 사람들과 협력해야 하고 새로운 안전한 곳을 개척해야 하는 상황이기에 개방성과 개척성이 매우 강한 문화이다.

▶ 거친 자연 환경적 영향으로 인해 확대된 집단주의가 강함

혈연에 연연해하지 않고 목적 집단, 즉 직장, 학교, 공동체 등 늘 함께 생활하고 도움을 주고받을 수 있는 집단을 매우 중요시 하는 성향이 있다. 이로 인해 가업을 잇기 위해 혹은 특수한 일을 함께 하기 위해 일가를 구성하는 사례 즉 양자제도 등도 수용 가능한 문화로 자리 잡고 있다.

▶ 타인과의 협력을 중시하는 성향

자신의 속마음을 직접 표현하지 않고 상대방의 기분이나 마음을 배려하는 것을 미덕으로 간주하고 있다. 또한 타인에 대한 예의나 매너가 매우 중시되고, 남에게 함부로 폐를 끼쳐서는 안된다는 문화가 강하게 남아있다. 이로 인해 소위 혼네(진짜 속마음)와 다테마에(겉으로 드러내는 원칙과 처신)가 명확하여 겉과 속이 다른 사람으로 오해받을 소지가 있고 이 점은 우리의 시각에서 볼 때 인간 관계를 매우 어렵게 한다고 볼 수 있다.

▶ 항상 도전력이 필요한 상황으로 인해 파워(文보다는 武)를 숭상

우리나라의 경우 선비 정신이 존중된다면 일본의 경우 힘과 권력을 상징하는 사무라이 정신이 존중받는다. 즉 양반문화 대 사무라이 문화라고 볼 수 있다. 특히 자연과 맞서기 위해서는 무엇보다도 힘과 파워가 더 중요하기 때문이기도 하다.

▶ 모험과 도전 의식이 요구되기에 과거보다는 현재와 미래 지향

과거의 경험 축적보다는 현재의 삶을 중시하는 경향이 있어 현재와 나와 함께 하는 사람, 현재 소속된 집단을 더 중시하는 경향이 있다.

▶ 현세주의/실용주의/다원성/겸용성이 중시

철저하게 현실주의이며 실용주의이기에 어떠한 외래문화라도 자신들의 현재 생활이나 삶에 도움이 된다면 적극적으로 수용하고 적절하게 자신들의 것으로 변화시켜 적용하는 특징이 있다. 예를 들면 종교 역시 다양한 종교를 생활에 적용시키고 있는데 결혼식에는 기독교식, 장례식은 불교식, 생활 속의 기도와 기원은 신사 종교를 활용하고 있다. 음식 문화 역시 서구 사회, 중국, 한국으로부터 적극적으로 받아들여 일본식으로 변형시켜 잘 수용하고 있다. 인도의 카레는 물론, 유럽의 케이크는 일본식 케이크로, 커틀릿은 돈카츠로, 한국의 김치는 기무치로, 중국의 면 요리 중 하나는 라면으로 일본에서 자리 잡고 있다.

▶ 유형주의

일본에서는 대체로 눈에 보이는 것만 믿는다. 즉 비즈니스 거래 시, 장황한 설명보다는 반드시 모형, 샘플, 명함 등 유형적인 것을 존중하는 것을 볼 수 있다.

▶ 수평적 관계

인간 관계가 기본적으로 수평적 관계이나 집단에서의 직책 서열은 엄격하다. 그러나 개인적 인간 관계에서는 나이 많은 사람이라고 하더라도 성씨나 이름으로 호칭하는 것이 일반화되어 있다. 한편 직장이나 집단 내에서는 직책에 따른 서열이 엄격하고 위계질서가 분명하다.

▶ 습도와 세균으로 인한 개인간 청결문화

지형과 기후적으로 전반적으로 습도가 높아 세균 번식으로 인한 전염병 예방에 대한 인식이 강하여 개인위생과 청결의식이 높은 편이라고 할 수 있다.

2 일본 생활 문화의 특징들

1) 우리와는 다른 집단 문화

우리나라와 일본은 집단 문화의 성향을 모두 가지고 있다. 그러나 양국 간의 집단 문화는 약간 다른 성향을 가지고 있다.

▶ "부끄러움"의 문화

남과 다른 행동을 하지 않으려는 일본 특유의 행동 양식을 의미한다. 일본의 경우, 튀는 것을 매우 기피하는 성향이 강하다. 언제나 남을 의식하고 사람들이 나를 어떻게 볼까, 인식할까를 늘 생각하기에 튀는 행동이나 튀는 복장을 하지 않으려는 면이 강하다. 예를 들면 정치인이 크게 잘못하고 있다고 생각하더라도 여론이 나쁘지 않다면 드러내놓고 본인의 생각을 함부로 표현하지 않는 것이다.

이러한 부끄러움의 문화로 인해 이것이 일종의 사회적 불안감이 바탕이 되어 질서 의식이 매우 철저하게 나타난다. 아이를 훈육할 때도 남에게 비난받지 않도록, 남에게 피해를 주지도 않도록 교육하는 점도 매우 특이하다.

▶ 비혈연 집단 등 목적 집단 중시

혈연 집단만으로는 내 가족이나 나 자신이 보호받지 못하기에 확대 집단 문화가 매우 강하다. 특히 학교나 직장, 지역 공동체 의식이 강하게 나타난다. 특히 일본인들은 이러한 집단 구성원들과 떨어지는 것을 두려워하는 경향이 있다. 소속 집단의 가치관이나 인식에 항상 연대해야한다는 인식이 매우 강하다. 수백 년을 이어온 작은 기업이나 가게의 경우에도 혈연 집단이 아닌 조직 내 구성원들 중 한 사람을 택하여 가업을 이어가게 하는 경우도 많다. 물론 이 경우 형식적으로라도 양자제도를 활용하여 원래의 성씨를 이어가게 한다. 성씨를 바꾸어 특정 집안의 역사를 이어가는 사례도 많으며 성을 바꾸는 개념에 대해서도 그리 흔한 경우는 아니지만 거부감이 강한 것은 아니다.

▶ "모두가 함께 하면 두렵지 않다"

외톨이에 대한 강한 공포감으로 인해 집단적 공격성에 가담하게 되는 사례를 종종 볼 수 있다. 소위 이른바 "이지메"(왕따) 문화가 그것이다. 집단에서 이탈되면 괴롭힘을 당하게 되며 이러한 괴롭힘 받는 것이 두려워 스스로 이 집단에 합류하여 괴롭히는 집단에 소속되는 경우도 많다.

▶ 사람과 사람간의 관계에서도 고마움, 미안함 등의 표현을 일상적으로 하는 문화

우리에게 말하지 않아도 서로 마음을 안다고 하는 "이심전심"의 문화가 있지만 일본의 경우는 아무리 가까운 혈육 간이라 하더라도 사소한 것이라도 하나하나 서로 고마움과 미안함을 표현해야 한다. 가까운 사람이라고 할지라도 그리고 아무리 사소한 것일지라도 고마움이나 감사함을 직접 표현하지 않는 것은 무례한 일이라고 간주하게 된다.

반면 거절이나 거부의 표현은 직접적으로 하지 않는 것이 특징이다. 예를 들면 면전에서 직접적인 거절(NO)은 사람으로서 할 일이 아니다라고 생각하여 애매한 표현으로 거절을 표현한다. 이는 우리나라 사람들의 입장에서 볼 때 면전에서는 친절하면서 뒤에서 엉뚱한 짓을 한다는 오해의 소지가 있다.

2) 음식 문화의 차이

● 유사한 음식 문화

한국과 일본은 지리적 여건과 기후대가 유사하여 음식 문화에서 서로 유사점과 공통점이 매우 많은 것이 사실이다. 특히 식자재와 조리법이 유사한 점이 많다.

주요 공통점을 살펴보면 다음과 같다.

→ 밥을 주식으로 하고 국과 반찬을 함께 먹는다는 점.

→ 생선 및 육류, 야채의 기본적 조리법도 매우 유사.

→ 소금절임 야채, 젓갈, 장문화(간장, 된장), 김, 어묵, 생선구이, 찌개와 냄비 요리, 찜요리 등 유사한 음식이 수없이 많음.

→ 젓가락을 사용한다는 점도 유사점.

● 음식 문화의 주요 차이

① 우리는 온식, 일본은 냉식 문화

밥이나 국, 찌개, 탕요리를 모두 먹는 문화이지만 음식의 온도에서 차이가 난다. 우리는 음식의 온도를 매우 높게 해서 먹는 반면 일본의 경우 너무 뜨겁지 않게 해서 먹는 것이 특징이다. 대부분의 요리가 상온보다 약간 높은 정도를 유지하거나 차게 해서 먹는 것이 많아 도시락 문화가 발달할 수 있었다. 그리고 음식의 온도가 높지 않아서 손으로 그릇을 들고 먹을 수 있는 식탁 문화도 발달하게 되었다.

② 우리는 국물 문화, 일본은 건더기 문화

탕이나 냄비 요리(예를 들면 어묵탕, 생선탕 등)도 양국 간 모두 유사하지만 먹는 문화가 다른 양상을 보이고 있다. 우리나라의 경우 우리는 국물을 중심으로 많이 먹는 반면 일본의 경우 건더기 위주로 먹는 것이 특징이다. 특히 어묵탕은 한국과 일본 모두 대중적 메뉴이지만 먹는 방식이 다른 것이 특징이기도 하다.

③ 우리는 숟가락과 젓가락 문화, 일본은 젓가락 문화

일본 식탁에서는 기본적으로 젓가락을 사용하는 것이 원칙이며 간혹 스푼을 보조적으로 사용한다.

젓가락을 주로 사용하기 때문에 대개의 경우 밥이나 국을 손으로 들고 젓가락으로 먹는 것이 보통이다. 우리의 관점에서 재미난 것은 카레라이스나 국조차도 그릇을 손에 들고 젓가락으로 먹기도 한다.

이런 문화로 인해 식기 소재도 서로 다르게 발달하게 되는데 예를 들면 일본은 밥과 국을 손에 들고 먹어야 하기에 그릇은 한손에 들어가는 크기이며 열전도가 낮은 소재가 대부분이다. 반면 한국은 식탁 위에 놓고 숟가락으로 먹는 문화이기에 다소 뜨거운 음식의 온도가 잘 보존될 수 있는 도자기 등의 식기가 많다.

④ 우리는 공동 식문화, 일본은 1인식 문화

우리의 밥상을 보면 밥과 국 외에는 모든 음식이 다함께 먹는 일종의 공용 음식이라고 할 수 있다. 반면 일본은 대부분 개인별로 음식이 제공되거나 개인별로 나눌 수 있는 메뉴로 구성된다. 가족끼리의 식사에도 마찬가지로 작은 그릇에 개인별로 반찬이 담기게 되는 것을 많이 볼 수 있다. 그리고 생선과 같은 것도 인원수만큼 수를 조절하거나 큰 생선의 경우 정확하게 인원수만큼 조각을 내서 제공된다.

3) 주거 문화의 특징

일본은 습기가 많기에 기본적으로 습도나 더운 날씨, 비와 태풍을 극복할 수 있는 구조와 재질로 되어 있다. 그리고 창이나 문은 태풍이나 지진에 잘 견딜 수 있도록 이중창 구조, 통풍이 잘되는 구조로 이루어져 있다.

그리고 주택 구조가 폐쇄적으로 각자의 사생활을 중요시하는 구조로 되어 있다. 또한 지진 등의 위험 때문에 벽이나 천장에 과다한 장식이나 진열을 하지 않는 것이 특징이다.

3 일본인들과의 교류를 위한 몇 가지 팁

(1) 한국인이 자주 오해하는 사안들

● 개인적 취향과 문화와 정치를 별개로 보아야 한다.

일본인들이 한류 스타와 한국 드라마를 좋아하고 한국 요리를 좋아한다고 해서 한국을 좋아하는 것은 아니다. 한류 스타와 드라마는 개인적 취향에 불과하며 한국을 바라보는 정치적 견해는 별개인 것으로 인식하고 있는 것이 사실이다. 한국의 경제와 국제적 지위가 높아지긴

하였으나 그래도 일본인들의 뇌리에는 여전히 자신들보다는 작은 나라라는 인식하고 있는 사람들이 아직 많다.

- **원조는 중요치 않다 다만 지금 자신들이 활용하고 이용하면 자신들의 문화로 인정**

대부분의 일본인들은 일본의 생활문화 속에 많은 것이 한국에서 건너갔거나 한국의 것을 모방했다는 점을 인정한다. 그러나 그렇다 해도 그것은 과거일 뿐 현재 일본에서 일본화되어 있다면 일본의 것이라고 생각한다. 지나간 과거보다는 현재가 중요하다고 인식하는 일본인들에게 원조는 별 의미가 없다는 것을 알 수 있다.

- **칭찬하거나 친절하다고 해서 친해진 것은 아니다.**

겉으로 친절하다고 해서 상대에게 호감을 갖는 것은 아니며 친해지는 것도 더욱 아니다. 그리고 친한 관계라 할지라도 작은 매너와 예의는 반드시 지켜야 한다. 가족이나 혈육이라도 마찬가지이다.

일본인들은 사소한 매너와 예의를 중요시하며 면전에서는 직접적인 불만이나 거절을 하지 않는 것이 예의라고 생각한다.

(2) 사교를 위한 팁

① 선물 문화

- **생활 속에 서로 주고받는 선물의 개념은 크게 세 가지로 구분될 수 있음**

→ 오미야게: 원래는 지역 특산물로 다른 지역이나 국가를 다녀올 때 가족이나 친지에게 사다주는 선물.

→ 오쿠리모노: 기념일이나 고마움의 표시로 전달하는 일반적인 선물.

→ 오카에시: 상대방으로부터 다소 큰 선물을 받았거나 위문이나 축하 방문(결혼식, 병문안 등)을 받았을 때 이후 작은 답례를 하는 것을 의미.

일반적으로 비즈니스로 기관을 방문할 때는 약간의 비싸지 않은 선물(기념품)을 준비해가는 것이 좋다. 일반 가정을 처음 방문할 때도 아주 작은 사소한 것을 가져가는 것이 좋으며 너무 값비싼 물건일 필요는 없다. 그리고 일본 기업이나 기관에서는 출장차 다른 지역을 다녀오게 될 경우 직장 동료들을 위하여 작은 과자 등의 약간의 선물을 사가지고 와서 나누는 것이 관례이다. 선물을 할 때는 아무리 사소한 것이라고 해도 정성이 깃든 포장이 매우 중요하며 홀수로 하는 것이 좋다.

② 상거래 교섭

상대 기관을 방문하고자 할 때는 반드시 자신이 속한 기관에 대한 명확한 소개와 방문자 명단과 직책이 명기된 공문서를 사전에 보내야 하며 여기에는 방문 목적과 시간대(체재 소요 시간 포함), 상대 기관에 요청할 사항을 구체적으로 명기되어야 한다.

기관을 방문 시에는 기업의 브로슈어, 생산한 제품의 샘플, 방문자들의 명함 등을 꼼꼼하게 챙겨야 신뢰를 받을 수 있으며 이후 협상도 순조롭게 진행될 가능성이 높다. 특히 명함이 없을 경우 매너에 어긋나고 신뢰받기 어려우며 복장 역시 매우 중요한 요소로 작용된다.

③ 의례 참석

결혼식이나 장례식 등 각종 크고 작은 행사에는 그 형식과 의식을 매우 중요하게 생각한다. 장례식의 경우, 남자는 검은 정장과 검정넥타이, 여성의 경우 검은 정장으로 악세사리는 진주만 허용된다. 그리고 결혼식에는 남자의 경우 검정 정장과 흰 넥타이, 여성의 경우 드레스 등 다소 화려한 정장이며 특히 좌석이 지정석이기에 초대에 참여 여부를 통보해주어야 한다. 그리고 결혼식이나 장례식에 참가할 때는 약간의 축의금이나 부의금을 내는 데 홀수(1만 원, 3만 원, 5만 원 등)로 해야 한다.

④ 식사 예절

행사 때 음식을 준비할 때 생선이나 튀김 등의 낱개의 음식은 반드시 인원 수에 맞게 준비해야 하며 공동의 음식이 있을 때는 앞 접시와 공동의 젓가락을 준비하여야 한다. 그리고 같은 음식을 두고 두 사람이 각자의 젓가락으로 동시에 집지 않아야 한다. 그리고 접대 시 제공되는 1인분의 개별 음식은 남기지 않고 다 비우는 것이 매너이다.

⑤ 목욕과 욕실 문화

일본의 목욕 문화는 기본적으로 휴식을 위한 문화이다. 가정집에 초대되어 숙박을 할 경우 욕조에 들어가기 전에는 몸을 깨끗하게 씻어야 하며 욕조에서 나올 때 물을 흘려보내지 말고 그대로 두어야 한다. 그리고 온천지에서의 목욕 욕탕에 들어가기 전에 몸을 먼저 씻어야 하며 욕탕 안에는 수건이나 타월을 가지고 들어가면 안된다.

⑥ 언어 습관

○ 성별에 따른 다른 언어 습관

일본어의 일상 언어에서 남성적 표현이나 남성들이 사용하는 언어 표현과 여성들이 사용하는 언어 표현이 다른 경우가 있다. 경어 사용이 본인의 품위와 교양을 나타낸다고 여기고 있다. 잘 모르는 사이이거나, 감정이 격양될 경우일수록, 본인의 교양이나 품위를 나타내고 싶을수록 격식 차린 경어를 사용하는 경우가 많다.

재미있는 문화 이야기

우리는 우측 보행, 일본은 좌측 보행? 왜

1903년 대한 제국 고종 황제가 우리나라 최초의 자동차인 황제 전용어차를 들여오고 나서 2년 뒤 '보행자와 차마(車馬)의 우측 규정'을 발표합니다. 본격적인 우측 통행의 시작이었던 셈이지요.

그러나 일제 강점기에 이러한 통행 규정도 일본의 입맛에 따라 바뀌게 됩니다. 1921년 조선 총독부는 사람과 차량의 통행 방식을 일본과 같은 좌측 통행으로 바꿔버렸습니다. 그러다 해방 후 미군정기에는 미국의 영향을 받아 다시 우측 통행이 도입되는데, 차량에만 적용되고 사람들은 여전히 일본의 보행 방식인 좌측 통행을 했어요. 그런데 일본은 왜 좌측 통행을 했을까요?

사무라이의 칼이 무서워

일본의 무사 사무라이는 보통 왼쪽 허리에 칼집을 차고 다니는데, 오른쪽으로 걸으면 맞은편에서 걸어오는 사무라이가 찬 칼집에 부딪혀 시비가 생길 수 있기 때문에 좌측 통행을 했다고 합니다. 일본의 사무라이는 칼과 칼이 부딪치는 것을 도전으로 간주했다고 하네요.

영국도 일본과 비슷한 이유로 좌측 통행을 했습니다. 대부분의 기수들은 왼쪽에서 말에 올라탔습니다. 왼쪽에서 말을 탄 기수들은 자연스럽게 좌측 통행을 하게 되었고 이것은 마차를 탈 때도 적용되었습니다. 마차 오른쪽에 앉은 마부가 우측 통행을 하면 채찍질을 하다 보행자를 때려 상처를 입힐 수 있으니 좌측 통행을 하게 되었답니다. 그러다 1800년대에 자동차가 운행되면서 도로 건설과 함께 교통 법규가 제정되었고, 1835년에는 자동차의 좌측 통행이 의무화되었습니다. 대영 제국에 속했던 나라들은 영국의 규칙을 따랐고 일본과 태국은 영국 기술의 영향을 받았기 때문에 좌측 통행을 택했던 것이지요.

[네이버 지식백과]왜 갑자기 우측 통행인가요?
(사회선생님도 궁금한 101가지 사회질문사전, 2011. 11. 1., 북멘토)

Memo

4

제4장

중국: 56개의 문화를 가진 나라

1 중국의 일반적 개요

1) 국가 개요

국가 명칭: 중화 인민 공화국(People's Republic of China)

위치: 아시아 동부

인구: 약 1,355,692,576명 / 세계 1위(CIA The World Factbook 2014.07기준)

면적: 959만 6961㎢

수도: 북경(北京, Beijing)

정치 · 의회 형태: 인민 공화국(입헌 공화제), 인민 대표 대회 제도(일원제)

국화: 모란(牧丹)

화폐 단위: 위앤(Yuan, RMB)

언어: 중국어(漢語)

종교: 불교, 도교, 기독교, 회교

우리나라와의 수교일: 1992년 8월 24일

1949년 10월 1일 중국 공산당이 북경(北京, Beijing)을 수도로 중국 대륙에 수립한 사회주의 체제의 인민 공화국으로 정식 명칭은 중화 인민 공화국(People's Republic of China)으로 공화제를 따르고 있다. 수도는 1949년 사회주의 체제의 중화 인민 공화국으로 출발하기에 앞서 9월 27일 북경(北京, Beijing)으로 결정되었고, 그 이전에는 북평(北平)으로 불리었다.

북경은 경(京)으로 약칭하며, 중화 인민 공화국 중앙 정부의 소재지로, 중국 정치 · 경제 · 사회 · 문화의 중심지이고, 중국 옛 도시 중 하나이다. '중국' 또는 '중화'라는 나라 이름의 중(中)은 중심, 화(華)는 문화라는 뜻으로 세계의 중심 또는 문화의 중심을 의미한다. 유라시아 대륙의 동남부에 위치하며 러시아와 캐나다에 이어 세계 3위이고 동쪽으로는 북한, 북쪽으로는 몽골 · 러시아, 서쪽으로는 아프카니스탄 · 파키스탄 · 인도 · 네팔, 남쪽으로는 미얀마 · 라오스 · 베트남 등 15개 국가와 접경을 이루고 있다.

중화 인민 공화국 수립 이후 중국 기상국에서는 전국을 9개의 기후대(북온대, 중온대, 남온대, 북아열대, 중아열대, 남아열대, 북열대, 중열대, 남열대)와 1개의 고원구로 나누고 있다. 행정 구역은 전국을 성(省), 현(縣), 진(鎭), 세 등급으로 나누고 있는데 대만성을 포함하여 23개의 성과 티벳 자치를 비롯한 5개의 자치구, 북경시와 상해시 등의 4개의 직할시, 홍콩과 마카오 2개의 특별 행정구를 가지고 있다.

2 우리나라와의 교류 관계(현대사를 중심으로)

● 1950년대 - 1960년대

중국은 1949년 10월 대륙에 정권을 수립한 이후 반미(反美)를 외교의 기본 척도로 삼았기 때문에, 모든 친미(親美) 국가는 곧 적대 국가로 여겨 중국의 한반도 정책은 중국의 북한 정책에 의해 결정되었고, 한국과의 관계는 근원적으로 단절되었다.

● 1970년대

1972년 12월 등소평 정권은 개혁 개방을 선언한 이후 많은 변화가 일어나게 되었다. 1973년 한국은 공산권에 대한 문호 개방을 위해 6 · 23선언을 발표하여 한국도 중국 접근 정책을 추진함에 따라, 1974년 1월 「한일대륙붕협정」 체결을 비롯하여 한 · 중 간 어로 분쟁 등과 관련한 비난을 전개하는 등 한국의 실체에 관심을 갖기 시작하였으나 여전히 중국과 한국과의 관계는 냉전 시대였다.

● 1980년대

중국은 1978년 말 개혁 개방의 실용주의 노선과 독립 자주 외교 노선을 채택함에 따라, 한국에 대한 중국의 인식과 태도에도 변화가 나타나기 시작하였다.

1983년 5월 중국인에 의한 중국 민항기 납치로 한국에 불시착한 사건이 발생하여 중국 당국의 관계자를 파견하여 우리나라 관계자와 직접 사태 수습을 위한 교섭을 계기로 두 나라는 중국 정권 성립 후 처음으로 접촉을 갖게 되었다. 그리고 이때 '대한민국'이라는 정식 국호가 중국 당국자에 의해 처음으로 호칭되고 문서화되었다. 이것은 중국의 기존 한국 정책에 중대한 변화를 의미함과 동시에 한 · 중 관계를 발전시키는 데 중요한 전환점을 형성하는 것이었으며 이를 전후하여 중국은 간접 교역과 직접적인 인적 · 체육 교류의 확대 등 비정치적인 영역에서 한국과의 관계 개선에 보다 긍정적인 자세를 취하기 시작하였다.

인적 교류면에서도 1983년 7월 친인척 간의 상호 방문이 허용을 비롯하여 특히 다른 어느 영역보다도 체육 교류가 활발히 전개되기 시작되었다.

● 1990년대부터

1983년 7월 친인척 간의 상호 방문이 허용된 이래, 한국과 중국 간에는 이산가족들의 초청 방문이 활발히 전개되면서 중국에서 개최되는 국제회의에 한국 관리의 입국이 허용됨으로써 한국인의 중국 방문이 확대되어 갔으며, 중국인들의 한국 방문도 점차 증대되었다.

특히 1990년 10월 20일 두 나라 간에 일부 영사 기능을 포함하는 무역 대표부 설치를 시작으로 1992년 8월 24일 양국의 국교 정상화를 이루었다. 이후, 중국의 대외 개방과 현대화 정책 추진으로 양국의 관계는 더욱 긴밀해지고 경제 교류는 급성장하게 되었다.

경제적 실용 노선을 추구하기 시작한 중국은 한국의 경제 발전이라는 현실을 그대로 인정하기 시작하였고 한 · 중 양국은 짧은 기간에도 불구하고, 정치 · 경제 · 사회 · 문화 등 여러 방면에서 급속한 관계 발전을 이룩하게 되었다.

2013년부터 우리나라를 찾는 외국인 관광객 중 가장 큰 비중을 차지하고 있을 정도로 문화, 경제적, 정치적으로도 밀접한 관계를 형성하고 있다.

● 2000년대 이후

한국기업의 중국 진출, 완성품 수출, 원자재 수입, 기술 제휴 등 다양한 경제 교류와 협력 관계가 긴밀하게 이루어지고 있다. 또한 중국의 경제성장으로 해외여행 수요가 빠르게 증가하면서 중국인의 방한 여행 또한 성장세를 지속하고 있다.

2010년부터는 중국인 방한객이 빠르게 증가하고 있으며, 2013년에는 전년 대비 52.5% 성장률을 보이며 432만 6,869명이 방한하여 중국이 일본을 제치고 제1의 인바운드 시장으로 올라서고 있다.

중국인 방한객의 급증에는 중국 경제 성장, 한・중간의 교류의 지속적인 증대 외에도 우리나라의 쇼핑 관광 매력, 크루즈 관광 증가, 한류 관심층 확대, 비자 발급 요건 완화 등이 주요 요인이라고 할 수 있다. 여행의 형태와 패턴도 갈수록 매우 다양해져서 인센티브 단체, 개별 관광객, 여성층, 가족 단위, 청소년층, 중노년층 등 점점 더 다양해지고 있다.

2016년 후반부터 제기된 사드 문제로 관광객이 현격히 줄어들었으며 북한 문제 등 다양한 정치, 국방 문제 등으로 갈등을 겪고 있으면서도 인접한 국가간의 교류와 협력은 이어가고 있다.

3 중국의 특징과 문화

1) 세계 제2위의 경제 대국

→ 중국의 GDP는 112,119억$ / 세계 2위.(IMF 2015)

→ 중국의 1인당 GDP는 8,154$ / 세계 75위.(IMF 2015)

→ 2015년 기준 1인당 GDP가 75위이기는 하지만 약 14억명에 달하는 인구를 감안한다면 단순히 순위를 볼 수 없는 상황으로 국가 전체적인 경제 규모 면을 볼 필요가 있다.

2) 다양성을 지닌 국가

중국은 세계에서 세 번째로 국토 면적이 넓고 56개의 민족으로 이루어져 있다. 또한 15개의 국가들과 국경을 마주하고 있으며 5개의 기후대를 형성하고 있다. 그만큼 다양한 문화, 기후, 음식이 공존하기에 한마디로 "중국은 이러하다"는 식의 표현은 매우 어려운 면이 있다. 이로 인해 중국인들 사이에 평생 노력해도 3가지는 못해본다는 이야기가 있다. 즉 첫째, 중국의 문자인 한자를 다 익히지 못한다. 둘째, 중국 음식을 다 맛보지 못한다. 셋째, 중국 땅을 다 밟아 보지 못한다.

● 56개의 민족으로 이루어진 국가

중국 인구는 대부분 한족(漢族)이고, 몽고(蒙古) · 회(回) · 장(藏) · 묘(苗) · 조선족(朝鮮族) 등 55개의 소수 민족으로 구성되어 있다. 중국은 옛날부터 다민족 국가로 중화 인민 공화국 건국 이후 중앙 정부를 통해 확인된 민족은 모두 56개이다. 한족(漢族) 이외의 55개 민족은 상대적으로 한족보다 인구가 적어서 관습적으로 소수 민족이라고 칭한다. 이들 소수 민족은 전체 인구의 약 7%에 불과하지만 이들이 분포되어 있는 지역의 면적은 전체 면적의 약 50~60%로 대부분 변경 지역에서 살아가고 있다. 중국 소수 민족의 인구는 비록 적으나 그 분포 지역이 넓으며 전국 각 성(省) · 자치구 · 직할시에는 모두 소수 민족이 거주하고 있고, 대부분의 현(縣)급에는 모두 2개 이상의 민족이 거주하고 있다.

중국 소수 민족의 주요 분포 지역은 몽고 · 신강(新疆) · 영하(寧夏) · 광서(廣西) · 서장(西藏) · 운남 · 귀주 · 청해 · 사천 · 감숙 · 요령 · 길림 · 호남 · 호북 · 해남 · 타이완 등의 성과 자치구이다. 중국 민족의 구성이 가장 많은 곳은 운남성으로 25개 민족이 있다.

● 동서 5500킬로미터에 달하는 세계 3번째의 광활한 영토의 나라

10개의 시간대를 적용하는 러시아, 6개의 시간대를 적용하는 미국과 달리 중국은 넓은 국토임에도 불구하고 단일 시각제를 적용하고 있다. 북경에는 대낮인데도 서쪽 끝인 카슈가르는 어둠에 싸일 정도로 광활한 영토를 자랑하고 있다.

또한 많은 소수 민족과 광활한 영토를 통치하기 위해 채택한 민족 지역 자치 제도를 도입하고 있다. 1947년 5월 중국은 중국 공산당의 지도하에서 첫 번째로 성(省)급에 해당하는 민족자치지구 즉 내몽고 자치구(內蒙古自治區)를 설치를 시작으로 중국 건국 후 계속하여 신강위구르 자치구 · 광서장족(壯族) 자치구 · 영하회족 자치구 · 서장 자치구를 설치하였다. 현재는 전국적으로 155개 민족자치지방을 설치하여, 그 중 자치구는 5곳, 자치주(州)는 30곳, 자치현(縣) · 기(旗)는 120곳에 달한다.

전국 55개 소수 민족 중에서 44개 민족이 자치지방을 설치하였다. 자치를 실행하는 소수 민족의 인구가 소수 민족의 총인구에서 차지하는 비중은 70%를 초과하고, 민족자치지방의 면적은 전국 국토 총면적의 약 64%에 달한다.

● 다종교 국가

공식적인 종교는 없다. 그러나 중국은 소수 민족만큼이나 다양한 종교가 공존하고 있는 것이 사실이다. 주요 종교로는 불교 · 도교 · 이슬람교 · 천주교 · 개신교 등이 있다.

● 다양한 음식 문화

지형과 풍토, 언어, 민족의 다양성으로 인해 음식 또한 매우 다양하여 "중국 음식"이란 표현 자체가 부적절할 만큼 매우 다양하다. 베이징 요리, 청진 요리(이슬람 교도를 위한 요리), 산동 요리, 사천 요리, 운암 요리, 동북 요리, 상해 요리, 광동 요리, 신강 요리, 귀주 요리, 몽고 요리, 호북 요리, 강절 요리(강소성과 절강성 지역) 등 매우 다양하다. 동시에 차 문화도 발달하였는데 중세의 차 문화, 도자기 문화의 발달은 음식문화 발달을 뒷받침하고 있다. 그러나 최근에는 커피 열풍으로 차 생산량이 다소 줄고 있는 것이 현실이다.

3) 세계 4대 문명 중의 하나인 황하 문명

황하 문명은 발원부터 현재까지 연속적으로 발전하고 있는 유일한 문명권이라고 할 수 있다. 중국의 황하 문명은 세계 4대 문명 중 하나이다. 중국 고대 황하 문명은 인류 역사에 있어 세계 4대 문명 중 하나이며, 유일하게 연속적으로 발전하고 중간에 단절된 적이 없는 문명이기도 하다. 황하 문명의 발전과 번영에 따라 중국 고대 문화가 탄생하였으며, 지금까지 번성하고 쇠퇴하지 않았다. 당나라의 의식주의 문화는 서아시아를 거쳐 유럽까지 전파되어 오늘날에까지 영향을 미치고 있다.

재미있는 문화 이야기

세계 4대 문명이란

메소포타미아, 인더스, 이집트, 황하 문명을 말한다.

이들 4대 문명의 발생지들은 모두 큰 강을 끼고 북반구에 위치하고 있었으며, 대부분이 기후가 온화하고 기름진 토지를 지닌 지역들이다. 특히 황하, 티그리스·유프라테스강, 인더스강, 나일강 등 이들 지역이 4대 강을 끼고 있어 기후·교통·토지 등 고대 농업 발달에 유리하다는 점 때문에 문명 발생의 근거가 되고 있다.

BC 6500년경 농경, 목축이 시작된 메소포타미아 문명은 티그리스와 유프라테스의 두 강 유역에서 발달하였다. 메소포타미아는 '두 강 사이의 땅'이란 뜻으로 비옥한 반달 모양의 티그리스 강·유프라테스 강 유역을 중심으로 번영하였다.

인더스 문명은 BC 3000년 중엽부터 약 1,000년 동안 인더스 강 유역에서 청동기를 바탕으로 번영한 고대 문명이다. 대표적 유적은 당시의 2대 도시였던 하라파와 모헨조다로인데, 최초로 고고학적 조사를 받았던 하라파 유적의 이름을 따서 고고학적으로는 하라파 문화라고 부른다.

BC 3000년경의 이집트 문명은 나일강 하류의 비옥한 토지에서 이루어졌다. 이집트는 지리적 위치가 폐쇄적으로 사막과 바다로 둘러 싸여 있어서 외부의 침입 없이 2,000년 동안 고유 문화를 간직할 수 있었다. 또한 나일강과 주변의 기름진 토양을 바탕으로 일찍 농경이 발달하였다. 해마다 겪게 되는 나일강의 범람은 상류의 비옥한 퇴적물을 운반하는 작용을 하였으므로 나일강변은 풍요로운 땅이었다. 홍수는 규칙적으로 일어나서 미리 예측을 할 수 있었기 때문에 이집트인들은 농사의 시기를 조절할 수가 있었다. 이러한 범람 때문에 태양력, 기하학, 건축술, 천문학이 발달하였다.

동아시아에서 가장 오래 문명을 형성한 황하 문명은 중국 황하강 중·하류 지역에서 발생한 문명이다. BC 5000년~4000년경부터 신석기 문화가 이루어졌으며, 좁쌀·기장 등이 재배되고 개·돼지 등도 사육되었다. 황하강 유역의 신석기 문화는 양사오 문화와 그로부터 발생한 룽산 문화로 대별된다.

[네이버 지식백과] 세계 4대 문명 (시사상식사전, 박문각)

4) 세계 최고의 인구의 나라

중국의 인구는 공식적으로 약 1,355,692,576명 / 세계 1위(CIA The World Factbook 2014.07. 기준)에 달한다. 그러나 비공식 인구로는 약 16억에 달한다는 설도 있다.

많은 인구는 중국의 경제적 · 정치적 힘을 나타내기도 하지만, 심각한 사회 문제가 되어 '한 자녀 갖기 정책'을 시행하게 되었으나 2016년부터는 2자녀까지 가질 수 있도록 법 개정을 추진하였다. 2자녀로 법 개정이 이루어지기 전까지 중국의 도시에서는 성별을 가리지 않고 한 자녀밖에 가질 수 없었다. 그러나 노동력이 필요한 농촌에서만 첫째가 딸일 경우 둘째까지 낳을 수 있으며 만약 법을 어기고 둘째 아이를 낳을 경우, 아이를 호적에 올릴 수 없는데 이런 아이를 흑해자(黑孩子), 우리말로 '검은 아이'라고 한다.

반면, 도시에서 독자로 부모와 조부모 등의 가족들로부터 과보호를 받고 자란 아이들을 소황제(小皇帝)라 부르는데, 향후 이들은 사회 적응력 부진과 양보심과 배려심이 다른 세대에 비해 떨어져 또 다른 사회 문제가 될 것을 우려하기도 한다.

중국의 인구 정책

중화 인민 공화국은 1980년부터 2015년까지 한 자녀 정책을 실시했다.

1960년대까지 중화 인민 공화국은 산아 제한이 없었다. 마오쩌둥 주석은 인구가 많은 것은 좋은 일이고 몇 배로 늘어도 상관없다고 말했으며, 혁명을 통해 생산력을 높이면 된다고 덧붙였다. 하지만 인구가 크게 증가하면서 자원과 식량이 부족해지자

1970년대에 산아 제한이라는 정부 정책이 등장하게 되었다.

1980년대가 되어서 1가구 1자녀 정책이 의무화 되었으나 그로 인하여 인구가 감소하였고, 법으로 1가구 1자녀가 강제화되면서 헤이하이즈, 성비 불균형 등의 부작용이 발생하였다. 1990년대에는 출산 정책이 완화되어 부모 둘 다 외동인 경우, 농촌에서 첫째가 딸인 경우 둘째 출산을 허용하였다(농촌에서 첫째가 딸이어서 둘째를 낳는 경우 4살 터울이어야 한다).

중화 인민 공화국은 2015년 10월, 한 자녀 정책을 폐지했고, 저출산 및 고령화 현상을 해결하기 위하여 둘째 출산을 전면 허용하였다.

출처: 위키백과사전 발췌

5) 천부적인 상인 유전자를 가진 중국인

우리가 흔히 장사하는 사람을 의미하는 상인(商人)이란 단어는 중국 고대의 왕조(BC1600~BC 1046)인 상(商)나라 사람이라는 의미에서 유래하였다고 한다. 상나라는 은(殷)나라라는 명칭으로 알려져 있는데 사실 은은 상왕조(상나라)의 마지막 수도일 뿐이며, 상 왕조가 멸망한 뒤 주(周)에서 상의 주민들을 낮게 호칭하던 것에서 비롯되었다고 한다. 황하 주변 옥토에서 농사를 지으며 살던 상나라 사람들이 나라가 망하자 삶의 터전을 잃고 살길을 찾아 뿔뿔이 흩어졌다. 농사밖에 모르는 상나라 농민들은 오로지 입에 풀칠하기 위해 도망치면서 가지고 간 물건을 팔아 연명하기 시작했다. 이들을 만나는 원주민 입장에서는 등에 물건을 지고 팔러 다니며 뿌리 없이 떠돌이라는 의미로 "상인", 즉 상나라 사람이라고 폄하하여 지칭하였다고 한다. 이런 이유로

"상인"(여기저기 물건을 팔러 다닌 상나라 사람)은 매우 천하고 대우받지 못하는 신분을 상징하는 단어가 되었다.

재미있는 문화 이야기

현대 중국을 이해하기 위한 주요 키워드

1. 일대일로[一帶一路, One belt, One road]

일대일로란 중국 주도의 '신(新) 실크 로드 전략 구상'으로, 내륙과 해상의 실크 로드 경제 벨트를 말하며 중국의 경제 영토를 확장하기 위해 35년 간(2014~2049) 고대 동서양의 교통로인 현대판 실크 로드를 다시 구축하여 중국과 주변 국가의 경제·무역 합작 확대의 길을 만드는 대규모 프로젝트이다.

2013년 시진핑 주석의 제안으로 시작되었으며, 2017년 현재 100여 개 국가 및 국제기구가 참여하고 있다. 내륙 3개, 해상 2개 등 총 5개의 노선으로 추진되고 있다.

2. 가오카오(高考)

중국의 중앙 정부가 시행하는 대학 입학시험으로 공식 명칭은 '일반 대학 입학 전국 통일 시험'(普通高等学校招生全国统一考试, The National College Entrance Examination)이다.

중국판 '대학 수학 능력 시험'으로 1952년에 시작되었으며, 문화대혁명 기간(1966~1976) 정치적인 이유로 폐지됐다가, 1977년에 재개되었다.

1994년 '사회주의 시장 경제'가 본격화되고 중국의 경제 성장으로 중산층이 확대되고 동시에 대학 등록금이 유료화 되고 사립대학이 출현하면서 응시생이 대폭 증가하여 매년 900만 명 이상이 응시하는 세계 최대 규모의 대입 시험이다.

3. 중국의 3대 IT: BAT

현재 중국의 3대 IT업체로 떠오른 바이두(Baidu, 百度), 알리바바(Alibaba, 阿里巴巴), 텐센트(Tencent, 腾讯)를 지칭하는 용어로, 2013년부터 본격적으로 사용되었다.

미국의 4대 IT업체를 가리키는 TGIF(트위터, 구글, 아이폰, 페이스북)에 대한 중국 버전의 신조어이다.

중국은 현재 약 7억 명의 인터넷 사용자를 가지고 있어 이들 3대 업체는 해외 진출을 하지 않아도 글로벌 규모로 성장하고 있다. 특히 중국 검색 시장의 공룡이라고 할 수 있는 바이두는 인공지능 분야에 집중 투자를 하는 등 중국어권에서는 구글을 따돌릴 정도로 가파른 성장세를 보이고 있다. 그리고 알리바바 역시 전세계 전자 상거래 1위 기업으로 성장하고 있다. 중국의 SNS의 강자 텐센트는 위챗으로 중국인의 생활 전반을 파고들고 있으며 2016년 중국 시가총액 1위를 점하기도 했다.

한편 미국의 TGIF는 현재 GAFA(구글, 애플, 페이스북, 아마존)로 대체되었다.

4. 중국의 환경 문제

개혁 개방에 이어 1990년대 고도성장에 따른 후유증으로 중국의 환경은 급속도로 악화되었다. 국가적 경제 성장과 산업 발전에만 관심을 두면서 미세 먼지, 사막화 등의 환경 오염 관련 문제는 등한시해온 것이 사실이다.

국토 면적의 27%가 사막화되고 있으며 미세 먼지 등 대기 오염으로 매년 약 100만 명이 사망에 이르고 있으며 수질 오염으로 2억 8천만 명이 오염된 식수로 생활하는 등 국가적 재앙 수준의 환경 오염을 2000년대 들면서 인식하기 시작하였다.

중국 정부는 11차 5개년 계획(2006~2010) 기간 동안 환경 오염물질 배출을 삭감하는 조치를 단행했고, 12차 5개년 계획(2011~2015)에는 삭감 대상 물질을 늘렸다. 나아가 2015년 1월 1일부터 발효되는 새로운 환경 보호법을 제정하고, 친환경 산업 육성 정책을 천명하는 등, 날로 심각해지는 환경 문제를 개선하기 위해 국가적인 노력을 기울이고 있다.

중국의 환경 오염은 전세계의 오염으로 확산될 수 있기에 이는 세계적 이슈거리이기도 하다.

5. 농민공 [農民工]

농민공은 도시로 이주해 노동자의 일을 하는 농민을 가리키는 용어다. 농민공의 출현은 건국 이후 중국이 추구해온 성장 전략 및 이러한 전략을 실현시키기 위한 사회적 제도로서의 호구제도와 깊은 관련이 있다. 2014년 기준 농민공의 수는 약 2억 7,395만 명에 달한다.

6. 일국양제 [一國兩制]

'일국양제'의 사전적 의미는 '하나의 국가, 두 개의 제도(onecountry, twosystems)로 중화 인민 공화국이라는 하나의 국가 안에 사회주의와 자본주의, 서로 다른 두 체제를 공존시키는 것을 말한다.

중국 본토 대륙과 홍콩·마카오·대만은 결코 분리될 수 없는 하나의 국가로, 공산당이 집권하고 있는 중화 인민 공화국이 국가의 주체이며, 중화 인민 공화국 정부가 중국 전체를 대표하는 유일한 합법 정부이고, 대만은 자치권을 갖는 지방 정부라는 기본 전제를 가지고 있다는 표현이기도 하다.

[네이버 지식백과] (중국현대를 읽는 키워드 100, 국민대학교 중국인문사회연구소)의 글을 일부 발췌하여 수정하여 수록하였음.

4 역사속 인물을 통해 본 중국의 힘

1) 세계의 역사와 문화를 바꾸어 놓은 인물 중의 한 사람: 마르코 폴로

1254년 베네치아 공화국에서 출생한 마르코 폴로는 당시 무역상이었던 아버지와 삼촌을 따라 1271년 다시 원나라(중국)로 떠나는 동방여행을 시작했다. 라이아스 항구를 떠나 지중해를 건넜으며 터키를 지나 페르시아만 호르무즈 해협을 거쳐 키르만 타브리즈 · 발흐 · 파미르 고원을 경유하여 타림 분지(盆地)에 이르렀고, 카슈가르 · 야르칸드 · 허텐 · 체르첸 등의 타클라마칸 사막의 남쪽 변두리의 오아시스 여러 도시를 지나 하서(河西) 지방에 도착하였다. 그때 마르코 일가는 건강이 급격하게 나빠져 간저우[甘州]에서 1년간 요양과 휴식을 위해 체재한 다음, 쿠빌라이[世祖]의 여름 궁전이 있는 상도(上都: 현 네이멍구 자치구의 남부인 돌룬노르)에 도착하여(1274) 쿠빌라이를 알현하게 되었다. 마르코 폴로는 중국에 머물러 원나라에서 우대를 받아 관직에 올랐고 쿠빌라이 칸의 총애를 받았다. 중국에 머물며 각지를 여행하였고 풍속과 세태를 쿠빌라이 칸에게 상세하게 보고하였다. 또한 황제의 명으로 외국으로 파견하는 사신으로 나가기도 했다. 마르코는 17년간 원나라에서 머물게 되고 이후 1295년에야 겨우 베네치아로 돌아왔다.

마르코 폴로는 그 후에 우연히 베네치아와 제노바 전쟁에 말려들어 포로로 잡혀 제노바 감옥에 투옥되었다. 이 옥중에서 이야기 작가인 루스티켈로에게 동방에서 보고 들은 것을 필록(筆錄)시켰다. 이것이 바로 현존하는 마르코 폴로의 여행기 [동방견문록]으로 번역되어 탄생하게 되었다.

마르코 폴로와 [동방견문록]을 통해 당시의 중국의 '풍요와 부(富)의 동방 및 중국'이라는 이미지를 창출하여 유럽에 유행시키는 계기가 되었다. 물론 자신의 주관적 경험을 감옥에서 회상하면서 필록을 시켰기에 다소 과장되거나 부정확한 측면도 있을 수 있었다.

이것이 계기가 되어 대항해 시대의 많은 상인과 탐험가들에게 매력적인 동방으로 알려지게 되고 그 후 중국과 유럽, 중국과 아랍 간의 왕래가 더욱 빈번해졌다.

이를 계기로 아랍의 천문학, 수학, 의학 등이 중국에 전파되었으며 중국의 3대 발명인 나침반, 화약, 인쇄술이 유럽으로 전파되었다. 또 다른 발명인 종이는 이보다 앞선 시기에 유럽에 전해졌다.

2) 중국 역사속의 문학인들

(1) 이백(李白)

당나라의 시인 이백은 "달아, 달아. 밝은 달아. 이태백이 놀던 달아"라는 노래로 우리나라에서도 잘 알려져 있다. 이백은 두보(杜甫)와 함께 '이두(李杜)'로 일컬어지는 중국 최고의 시인이기도 하다. 이백은 거의 평생을 방랑하며 보냈는데 이는 단순한 방랑이 아닌 정신의 자유를 찾기 위한 방랑으로 평가되기도 하는데 이는 두보와 함께 우리의 김삿갓과도 유사하다고 볼 수 있다. 어느 날 그가 채석강에서 술을 마시다 물 속에 비친 달을 잡으려고 강에 뛰어들어 신선이 되었다는 전설도 있는데 이 전설은 한국에서도 너무나 유명한 일화로 알려져 있다.

이백의 대표작으로는 양귀비의 아름다움을 읊은 〈청평조사〉와 달빛 아래서 술 마시는 즐거움을 나타낸 〈월하독작〉 등이 있다.

(2) 두보(杜甫)

당나라 시인 이백과 함께 중국 최고의 시인으로 시성(詩聖)이라 일컬어지고 있다. 시인이었던 두심언의 손자로 태어난 그는 소년 시절부터 시를 잘 지었지만 과거에는 급제하지 못하고 일생을 가난과 방랑 속에서 보내면서 시대성을 반영한 1천 4백여 수에 달하는 시를 썼다고 한다. 같은 시대의 시인인 이백이 일상을 벗어난 환상의 세계를 묘사했다면 두보는 일상 속에서 새로운 감동을 발견해 내는 데에 보다 집중하였는데, 이러한 대조적인 성향에도 불구하고 두 시인은 서로 친한 친구로 지냈다고 한다. 수많은 작품 중에 대표작으로는 〈북정〉, 〈추흥〉, 〈삼리삼별〉 등이 있다.

(3) 나관중(羅貫中)

나관중은 〈삼국지연의〉의 저자로 널리 알려져 있다. 또한 그는 시내암과 함께 쓴 〈수호지〉로 우리에게 익숙한 인물로 중국 원나라 말~명나라 초의 소설가이자 극작가이며 중국 장편 소설의 선구자로 대표작으로는 〈수당연의〉, 〈잔당오대사연의〉, 〈평요전〉 등의 작품이 있다.

3) 중국의 4대미인

중국에는 유독 미인과 관련한 역사적 에피소드와 다양한 전설 이야기들이 많다.

(1) 침어(侵魚) 서시(西施)

서시는 춘추 시대 말, 월나라의 여인으로. 그녀의 아름다운 모습을 본 물 속의 물고기가 아름다움에 홀려 물고기가 수영하는 것을 잊고 천천히 강바닥으로 가라앉았다 하여 침어(浸魚)라는 칭호를 얻게 되었다고 한다.

(2) 낙안(落雁) 왕소군(王昭君)

한나라의 왕소군은 원제의 수많은 첩 중에 한 명으로 아주 뛰어난 재주와 용모를 갖춘 미인이었다. 원제는 북쪽의 흉노의 침략으로 그들과 화해하기 위해 그녀를 호한야와 결혼하게 하였다. 흉노로 떠나가는 도중 기러기들이 그녀의 아름다운 미모와 그녀의 비파 소리에 반해 날갯짓을 잊어 땅으로 추락했다하여 낙안(落雁)이라는 칭호를 얻게 되었다고 한다.

(3) 폐월(閉月) 초선(貂蟬)

〈삼국지〉에서 동탁과 여포를 이간질하기 위해 미인계를 사용한 일화로도 유명한 초선은 나라를 망하게 할 정도로 대단한 미녀라는 경성지모(傾城之貌), 경국지색(傾國之色)이란 말을 만들게 한 장본인이기도 하다.

초선은 용모가 빛나는 달과 같을 뿐 아니라 노래와 춤에 능하여 달이 초선을 보고 그 미모에 반하여 부끄러워 구름 뒤로 숨었다고 하여 폐월(閉月)이라 불리게 되었다고 한다.

(4) 수화(羞花) 양귀비(楊貴妃)

당나라때 함수화란 꽃이 있었는데 양귀비를 보고 그녀의 아름다움에 부끄러워하며 바로 잎을 말아 올렸다하여 이름 붙여졌다고 알려져 있다. 중국의 당 현종이 그녀의 미모를 '꽃을 부끄럽게 만드는 아름다움'(수화: 羞花)이라 찬탄하고 그녀를 절대가인(絶對佳人)이라 칭하기도 하였다.

당 현종은 양귀비에게 정신을 빼앗겨 나라를 돌보지 않게 되었고, 간신들에 의해 나라의 정치는 부패하게 되어 나라가 혼란에 빠지게 되기도 하였다. 이로 인해 민중 혁명이 일어나게 되었는데 이에 양귀비는 나라를 어지럽힌 죄로 안사(安史: 안록산-사사명)의 난 때 피난길에서 처형당한 비운의 여인이기도 하다. 그녀의 미모가 국가와 자신의 비운을 낳는 원인이 되기도 하였다.

Memo

5

제5장

동남아의 문화들: 우리의 영원한 이웃들

1 아시아의 개요

1) 아시아의 개요와 특징

아시아란 말을 자주 사용하고 있지만 정작 아시아에 속한 나라들은 어떤 나라가 있는지, 어디까지가 아시아인지 등에 대한 내용은 간과하는 경우가 많다.

지구상의 대륙 중에서 아시아는 가장 크고 인구가 가장 많은 대륙이기도 하다. 아시아(Asia)란 이름은 본래 그리스인(人)들이 그들 나라의 동쪽에 있는 나라들을 가리킬 때 사용한 '아수'(asu:동쪽)라는 아시리아어(語)에서 유래되었다고 한다. 고대에는 동방, 즉 오리엔트를 가리켰으나 오늘날에는 우랄산맥과 카스피해(海)에서 동쪽으로 태평양 연안에 이르는 유라시아 대륙의 중부와 동부의 전 대륙을 모두 지칭하는 단어이기도 하다.

러시아 연방을 제외하고 인구가 약 40억에 달하므로 전 세계 인구의 약 65%를 차지하고 인구 증가폭도 다른 대륙에 비해서 높은 편이라고 할 수 있다. 인구밀도는 매우 높은데 113인/㎢로 아프리카의 21인/㎢, 북아메리카의 18인/㎢, 라틴 아메리카의 17인/㎢에 비해 단연 높아 인구가 조밀한 지역임을 알 수 있으며, 작은 대륙인 유럽의 101인/㎢보다 높은 편이라고 할 수 있다.

가장 넓은 대륙이기는 하지만 인간이 살 수 없는 불모(不毛)의 땅이 많아 인구가 고르게 분포되어 있지 않으므로 인구가 밀집되어 있는 지역의 인구 밀도는 세계에서 가장 높은 곳에 속한다.

아시아 대륙에는 세계에서 가장 인구를 많이 갖고 있는 2개의 국가인 중국과 인도가 존재하고 있다. 중국은 13억을 넘고 인도는 12억에 달하고 있다. 이외에도 아시아 국가들은 인구 1억 이상의 국가들이 많다.

또한 아시아는 매우 이질적인 국가들로 구성되어 있어 다양한 인종, 종교, 문화 등으로 인해 문화의 모자이크라고 할 수 있다.

2) 아시아의 지역 구분 및 특징

아시아는 입지적 여건에 따라 다음의 6개 지역으로 대체로 구분할 수 있다.

(1) 북부 아시아

북쪽은 북극해, 남쪽은 중앙아시아의 키르기스 초원과 몽골 고원, 동쪽은 태평양 연안, 서쪽은 우랄산맥에 이르는 지역으로 보통 '시베리아'라고 부르는 지역이기도 하다. 이곳의 인구 밀도는 매우 낮으며 인간이 살 수 없는 지역이 많다.

(2) 중앙아시아

'내륙 아시아'(InnerAsia)를 의미하며 북쪽은 시베리아, 남쪽은 이란과 아프가니스탄, 인도 아대륙(亞大陸)에 접하며, 동쪽으로는 중국 평야지역에, 서쪽은 카스피해(海)에 이르는 지역이 여기에 해당된다.

여기는 몽골, 중국의 네이멍구[內蒙古] 자치구 · 신장웨이우얼 자치구 등 시베이[西北] 지구, 티베트 고원, 투르크메니스탄 · 우즈베키스탄 · 타지키스탄 · 키르기스스탄 · 카자흐스탄의 5개 공화국이 위치하고 있다. 주로 이슬람 · 투르크족 · 대초원 · 건조 지대 · 농경 · 유목 지대라고 볼 수 있다.

(3) 서남아시아

대체로 중동지역이 여기에 속하는데 동쪽은 파키스탄의 술라이만산맥, 서쪽은 지중해의 다르다넬스 해협에 이르며, 남쪽은 수에즈 지협과 홍해 · 아라비아해(海), 북쪽은 중앙아시아 5개국이 위치하는 지역으로 이슬람 · 유목 · 오아시스 · 사막 · 석유 지대이다.

아프가니스탄 · 이란 · 이라크 · 쿠웨이트 · 사우디아라비아 · 레바논 · 아랍에미리트 · 바레인 · 카타르 · 오만 · 예멘 · 시리아 · 요르단 · 이스라엘 · 터키 · 키프로스가 이에 속한다.

(4) 남부 아시아

북서쪽은 술라이만산맥, 북쪽은 파미르 고원 · 히말라야산맥을 경계가 둘러있어 대표적 고산 지역이기도 하다. 동쪽은 인도차이나 반도, 서쪽은 이란 · 아프가니스탄과 접하며, 남서쪽은 아라비아해, 남쪽은 인도양, 남동쪽은 벵골만으로 둘러싸인 지역인데 인도 · 파키스탄 · 네팔 · 부탄 · 방글라데시 · 스리랑카 · 몰디브가 이에 속해 있다.

(5) 동남아시아

인도차이나 반도와 그 남동쪽의 말레이 제도로 이루어진 지역으로 아시아 최남단부를 구성하며 열대성 기후로 특징지어지는 지역이 여기에 속한다. 미얀마 · 타이 · 캄보디아 · 라오스 · 베트남 · 말레이시아 · 싱가포르 · 인도네시아 · 필리핀 등이 여기에 속해 있다.

동남아시아의 경우도 민족과 언어, 종교가 매우 이질적으로 다양한 문화가 공존하고 있는 지역이기도 하다. 라오스, 베트남, 미얀마, 타이는 대체로 불교가 강하며 필리핀은 크리스트교, 말레이시아와 인도네시아 등지는 이슬람의 문화권이기도 하다.

(6) 동아시아

우리나라와 중국, 일본이 여기에 속해있는데 동쪽은 태평양, 남쪽은 남중국해에 면하고, 서쪽은 아무르강(江) 남안의 대싱안링에서 중국 본토의 서쪽을 지나 베트남 국경 근처에 이르는 선까지를 대체로 동남아시아라고 불리워지고 있다. 한국·중국, 일본·타이완[臺灣]이 포함되어 있으며 다른 아시아 지역과는 다르게 동아시아의 국가들은 문화적 동질성이 많다. 예를 들면 한자 문화권, 불교 국가, 젓가락 사용이란 측면에서 가치관, 종교, 식문화에서 유사성이 많기도 하다. 사람들의 생김새 역시 검은 머리와 검은 눈동자, 노란 피부색 등 유사성이 많다고 할 수 있다.

2 동남아시아의 개요

1) 동남아시아의 특징

동남아시아는 문화의 백화점이라고 할 만큼 민족, 언어, 지리적 여건, 종교, 역사 등 매우 이질적인 특성을 지니고 있다. 특히 다양한 종교를 지닌 지역이기도 하다. 미얀마와 태국, 캄보디아, 라오스는 소승불교를 믿고 있어 불교 유적지가 많으며 베트남과 유교, 대승불교이며 중국, 몽골, 프랑스, 미국의 침입을 물리친 끈기의 국가로 알려져 있다. 그리고 인도네시아는 이슬람 상인들의 영향으로 이슬람교를 믿는 사람들이 많다.

큰 대륙으로 인해 다양한 기후대, 다양한 인종, 다양한 문화가 공존하고 있는 것이 동남아시아의 가장 큰 특징이기도 하다.

2) 동남아시아 국가들의 특징과 개요

이상과 같은 동남아시아 국가의 특징을 표로 정리하면 다음과 같다.

표 1. 동남아 10개국의 개요(2009년)

국가명	브루나이	인도네시아	말레이시아	필리핀	싱가포르
면적	6,000㎢	1,904,000㎢	330,000㎢	300,000㎢	682㎢
인구	38.8만 명	237.5백만 명	27.7백만 명	92.7백만 명	4.8백만 명
수도	반다르 세리 베가완 (BandarSeri Begawan)	자카르타 (Jakarta)	쿠알라룸푸르 (KualaLumpur)	마닐라 (Manila)	싱가포르 (Singapore)
인종	• 말레이계 (69%) • 중국계 (18%) • 토착인 (5%) • 기타(8%)	말레이계 중심 • 자바족 (45%) • 순다족 (14%) • 마두라족 (7%) 등 약 300여 종족 분포	• 말레이계 (54%) • 중국계 (35%) • 인도계 (10%) • 파키스탄계 등	• 말레이계 • 중국인 • 스페인계 혼혈	• 중국계 (76%) • 말레이계 (15%) • 인도계 (7%)
언어	• 공용어: 말레이어, 영어, 중국어, 타밀어	• 공용어: 인도네시아어 • 기타: 250여 종류	• 공용어: 말레이어, 중국어, 타밀어, 영어	• 공용어: 영어 • 표준어: 타갈로그어	• 공용어: 영어, 중국어, 말레이어, 타밀어

종교	이슬람교, 도교, 힌두교, 토속신앙 등	이슬람교, 기독교, 힌두교, 불교 등	이슬람교 (말레이계), 불교(중국계), 힌두교 (인도계)	가톨릭(83%), 이슬람교 (5.7%), 기독교(9%)	불교(31%), 이슬람교(14%), 기독교(12%), 힌두교 등
통화단위	브루나이 달러(Br$)	루피아 (Ruphia)	링기트 (Ringgit)	페소(Peso)	싱가포르 달러(S$)
GDP	134억 달러	3929억 달러	1953억 달러	1532억 달러	1483억 달러
1인당 GDP	38681달러	1640달러	6910달러	1594달러	30650달러
자원	원유, 천연가스, 목재 등	석유, 천연가스, 석탄, 목재, 천연고무 등	주석, 고무, 목재, 팜유, 석유, 천연가스 등	목재, 금, 동, 철, 바나나 등	관광 자원
주요 공산품		섬유류, 제지, 비료, 식품 가공 등	석유 가공, 섬유, 전자 제품, 신발 등	의류, 전자, 전기 제품, 가구 등	전자, 전기 제품, 일반 기계, 석유 정제, 조선 등
주요 농산품		쌀, 커피, 옥수수, 야자수 등	천연고무, 팜유, 목재, 과일, 야채류 등	쌀, 사탕수수, 바나나, 쌀 등	열대 채소류, 돼지, 닭, 달걀 등

국가명	태국	베트남	캄보디아	라오스	미얀마
면적	514000㎢	330000㎢	181000㎢	237000㎢	677000㎢
인구	66.3백만 명	86.1백만 명	14.7백만 명	6.0백만 명	48.8백만 명
수도	방콕 (Bangkok)	하노이 (Hanoi)	프놈펜 (PhnomPenh)	비엔티안 (Vientiane)	네피도 (Naypyidaw)

인종	• 타이족 (75%) • 중국계 (14%) • 말레이족 (2.9%) 등	• 베트남족 (90%) • 중국계 (3%) • 기타 60여 소수 인종	• 크메르족 (90%) • 중국계 (5%) • 기타 36개 소수 민족	• 라오족 (60%) • 기타 소수 민족	• 미얀마족 (68%) • 샨족(9%) • 카렌족 (7%)
언어	• 공용어: 타이어	• 공용어: 베트남어	• 공용어: 크메르어	• 공용어: 라오어	• 공용어: 미얀마어, 영어, 힌디어, 중국어
종교	• 불교(95%) • 이슬람교 (4%)	• 불교(80%) • 가톨릭(9%)	• 불교(95%)	• 불교(95%)	• 불교(89%) • 기독교(4%) • 이슬람교 (4%)
통화단위	바트(Baht)	동(Dong)	리엘(Riel)	킵(Kip)	찻(Kyat)
GDP	2467억 달러	944억 달러	100억 달러	52억 달러	265억 달러
1인당 GDP	3650달러	1080달러	671달러	868달러	534달러
자원	쌀, 고무, 주석, 타피오카, 천연가스 등	석탄, 철, 인광석, 크롬, 석유, 주석 등	고무, 목재, 담배 등	목재, 커피 등	쌀, 목재, 원유, 동 등
주요 공산품	섬유, 보석 가공품, 식품 가공품, 전자 전기 제품	실크 의류, 수공예품, 식품 가공품 등	의류	의류	의류
주요 농산품	쌀, 고무, 옥수수, 타피오카, 사탕수수 등	쌀, 고구마, 옥수수, 천연고무, 사탕수수, 콩류 등	천연고무	-	콩류

출처: 강영문(2010), 『강영문교수의 동남아 지역연구』, 도서출판 두남, 17~18쪽.

[네이버 지식백과]동양사 - 동남아사 [Southeast Asian History] (학문명백과: 인문학, 형설출판사)동남아 10개국의 개요(2009년)

3 동남아시아 주요 국가들의 문화와 특성

1) 베트남의 특성과 문화

(1) 베트남의 개요

베트남은 BC 2세기에서 AD 9세기경까지 한(漢)민족의 지배를 받아 문화는 거의 중국적인 영향을 많이 받아왔다. 아직도 유교 문화의 영향이 생활 속에 남아있다. 한편 베트남인들은 스스로 근면, 성실, 인내, 친절, 용감성 등의 국민성을 지니고 있으며 "오랜 세월 동안의 끊임없는 외침을 성공적으로 물리친 국민"으로 자국 역사와 문화에 대한 자부심이 강하다.

베트남은 1986년 베트남 공산당 제6차 대회에서도 이머이(쇄신) 정책을 주창, 사회주의 기반에서 시장 경제를 도입하였고 현재 아시아에서 가장 괄목할만한 경제 성장을 하고 있으며 인구 연령대 역시 매우 젊어 성장 잠재성이 매우 높은 국가이기도 하다. 약 1억 명의 인구를 가진 베트남은 최근 동남아시아 국가 연합(ASEAN · 아세안)을 넘어 국제사회와의 경제 교류를 확대하고 있다. 시장 개방을 통해 경제적 외연을 넓혀가고 있는데 베트남은 2010년 이후 안정적이면서도 꾸준한 경제 성장을 이루고 있으며 경제 성장률 6% 이상을 기록하고 있다.

우리나라는 1992년 베트남과 외교 관계를 수립한 지 23년 만인 2015년 한-베트남 FTA를 체결 · 발효하였고 이후 한국과 베트남은 서로 교역량이 5위권 이내로 밀접한 관계를 유지하고 있으며 산업체 연수 및 유학 등의 목적으로도 베트남 젊은이들이 한국을 많이 찾고 있는 등 많은 교류를 하고 있는 국가이다.

(2) 베트남의 문화

① 한국과 비슷한 정서와 문화

베트남과 우리나라의 문화 공통점에는 유교 문화의 기반이 강하게 깔려있다는 점이다. 예를 들면 부모에 대한 효(孝)·애국심과 민족의 자긍심 등이 강하다. 그리고 조직 구성원 간의 관계(인간 관계 중시)·가족 관계, 연장자 우선이나 상급자 우선 등의 조직 내 위계질서 등에 인식도 우리와 비슷한 점이 있다. 또한 태어날 때 몽고반점을 지니고 있어 외모 역시 우리와 비슷한 점이 많다. 베트남 사람들은 뛰어난 손재주, 열정과 근면성의 국민성을 가지고 있다. 자녀 교육열 역시 높은데 자녀의 성공은 부모의 성공으로 인식하는 가치관 역시 우리와 유사하다. 최근 베트남의 경제 성장과 더불어 대도시를 중심으로 교육열이 더 강해지는 성향을 보이고 있다. 예를 들면 미취학 아동·유아 대상 영어 유치원과 스포츠 교실·과외 학습이 성행하는 것 또한 우리나라와 비슷하다고 할 수 있다.

그리고 최근 들어 베트남인들이 가장 좋아하는 스포츠는 축구이며, 그 외에 테니스, 배드민턴, 탁구 등도 인기가 있으며, 태권도도 전국적으로 널리 보급되어 있다.

② 지역적 특성

북부 지역과 남부 지역으로 크게 구분 가능하다.

북부 지역 출신 사람들은 근면하며 인내심이 강하고 호치민 주석 등 베트남 혁명가의 대부분이 북부 출신이며 매우 근면하고 열정적인 성격이 강하다. 반면 남부 지역의 사람들은 풍부한 농산물 등 자연조건의 영향을 받아 개방적이고 낙천적이며 자유분방한 성격을 지닌 사람들이 많다.

③ 베트남의 독특한 문화

● 숫자 문화

9를 으뜸이자 신성한 수로 여기며, 13은 액운의 상징으로 어기고 있으며 숫자 5는 베트남어로 위험의 뜻과 비슷하여 숫자의 합이 5가 되거나 15, 25 등 5로 끝나면 이를 기피하는 경향이 있다.

● 오토바이 문화

베트남 전쟁 이후 교통 체계가 심하게 파손되어 아직까지 재건이 계속되고 있기 때문에 평지와 도시 근교에 도로가 집중되어 있고 산간 지역이나 중부 고원 등의 도로는 매우 부족한 실정이여서 자동차보다는 오토바이가 이동 수단으로 많이 이용되고 있다. 특히 1980년 이후, 시장이 개방되면서 오토바이가 급속하게 늘어나 현재는 2,000만 대 이상이라고 추정된다.

● 종교 관련

지방 정부 소속 종교위원회의 사전 허가를 받지 않은 종교 활동(종교집회 또는 노상에서의 찬송가 합창 등)은 법적으로 금지되어 있으며 특히 외국인이 베트남인을 대상으로 한 선교 또는 포교 행위는 절대적으로 금지하고 있다.

● 팁 문화

최근 외국 관광객이 증가하고 서구화 문화가 유입되면서 차츰 팁을 주는 분위기가 형성되고 있다. 그래서 호텔 및 고급 식당 등에서 일하는 종업원들은 손님으로부터 약간의 팁을 받는 것을 기대하고 있다. 따라서 분위기에 맞는 그때그때의 팁을 준비하는 것이 좋다.

2) 말레이시아의 특성과 문화

(1) 말레이시아의 개요

말레이시아는 말레이인, 중국인, 인도인, 원주민 등으로 구성된다. 민족 국가이기 때문에 언어, 문화, 종교, 관습이 다양하게 존재하고 있다. 다민족 국가답게 말레이시아의 민족 구성은 말레이계 60%, 중국계 25%, 인도계 7%, 기타 8% 등으로 말레이계가 가장 우세하다.

말레이시아는 이슬람교를 국교로 규정한 이슬람 국가이지만 말레이계 이외의 인종에게는 종교의 자유가 헌법으로 보장되어 다른 종교도 허용되고 있다. 그리고 이슬람을 숭배하지 않는 다른 민족은 제각기 전통적 문화 · 종교 · 언어 · 사회 관습 등을 자유롭게 유지하고 있다.

공용어는 말레이어이며 영어 · 중국어 · 타밀어도 쓰인다. 국교는 이슬람교로 60%이상 점유하나 종교의 자유가 보장되어 불교 19%, 기독교 9%, 힌두교 6.3% 등의 비율을 지니고 있다.

단 이슬람교를 믿는 말레이인을 상대로 포교나 전도 활동을 하는 것은 불법 행위로 간주되며 이슬람교 이외의 종교로는 불교, 힌두교, 기독교 등이 있다. 말레이시아의 각종 정부 행사는 이슬람식 기도로 시작하며, 각 주의 왕인 술탄(Sultan)은 대부분 말레이계 무슬림(Muslim) 이며 술탄은 일반적으로 상징적인 의미에서의 주(州) 통치자일 뿐만 아니라 종교적 지도자라는 지위까지 동시에 갖고 있다.

(2) 말레이시아의 특징

● **수많은 외침의 역사를 지님**

1511년 포르투갈인의 침공으로 말라카 왕국이 멸망하고, 이후 1641년 네덜란드의 말라카 점령을 거쳐, 1786년부터는 영국의 점령으로 20세기 초까지 영국의 식민지하에 있었다. 이후 태평양 전쟁 때에는 일본에 점령되어(1942~1945), 중국인을 중심으로 많은 주민이 살해되기도 하는 등 아픈 역사가 있었다.

제2차 세계 대전 후 다시 영국의 보호하에 들어갔으나, 1957년 8월 31일 싱가포르를 제외한 11주가 통합되어 말라야 연방으로 독립을 이루게 되었다. 1963년 9월에는 헌법을 제정하고, 싱가포르 · 사바 · 사라와크를 합쳐서 말레이시아가 성립되었으나, 2년 뒤 싱가포르가 탈퇴(축출), 독립하여 현재에 이르고 있다.

● 다양한 문화가 서로 공존함

말레이시아 역시 다양한 민족과 언어, 종교 등이 공존해 있다. 민족 구성을 살펴보면 말레이인 60%, 중국인 25%, 인도인 7%, 원주민 및 기타 8% 등으로 구성된 다민족 국가이기도 하다. 그리고 공용어는 말레이어이며 영어 · 중국어 · 타밀어도 쓰인다.

종교는 이슬람교로 60% 이상 불교 19%, 기독교 9%, 힌두교 6.3% 등의 비율로 구성되어 있다.

3) 인도네시아의 특성과 문화

(1) 인도네시아의 개요

동남아시아에 있는 나라로 제2차 세계 대전 전 네덜란드령(領) 동(東)인도였으며, 1945년 8월 17일 독립을 선언하였다. 1949년 네덜란드와의 협의로 네덜란드 · 인도네시아 연합이 성립되었으나 1956년 완전한 독립국이 되었다.

크고 작은 섬들로 이루어진 세계 최대의 도서 국가 1만 3,677개의 섬들로 이루어져 있으며, 말레이 제도(諸島)에서 필리핀을 제외한 대부분의 섬이 모두 인도네이시아인 만큼 섬을 많이 가지고 있다.

민족구성 역시 매우 다양하여 각 섬마다 다양한 종족과 부족으로 구성되어 있으며 대표적인 인종은 자바족 · 순다족 · 마두라족 등이며, 전체적으로 300여 종족이 혼합되어 있다.

인도네시아어를 공통의 공용어(共用語)로 사용하고 있으며 종교 역시 매우 다양한데 주민의 약 87%는 이슬람 교도이나 일상 생활에서는 힌두교의 의식도 뿌리 깊게 남아 있으며 애니미즘적 요소도 아직도 남아 있다. 한편 그리스도 교도는 전 인구의 약 9%, 힌두교도 약 2%, 불교도 1%이고 나머지는 기타 종교이다.

(2) 인도네시아의 특징

인도네시아의 특징은 다른 동남아시아 국가들과 마찬가지로 다문화, 다인종, 다종교의 국가이며 무엇보다도 세계 최대 섬으로 구성된 국가라는 점이다. 그리고 세계에서 4번째로 인구가 많은 나라라는 점도 특징적이다. 한편 서구 문화와 아시아 문화, 이슬람 문화 등이 공존하고 있는 나라이며 풍부한 천연자원의 나라이기도 하다. 인도네시아는 천연 지하자원이 풍부하여 국내 총생산의 35% 이상을 차지할 만큼 천연자원이 매우 풍부하다. 주요 자원은 목재, 고무, 천연가스, 석탄, 석유를 들 수 있다. 또한 천혜의 자연의 혜택의 누리고 있는 나라인데 기후가 좋아 농업은 2년 5모작이 가능하며 섬으로 이루어져 해양 자원과 어종도 매우 풍부한 편이다.

재미있는 문화 이야기

닮은 듯 다른 문화: 추석과 닮은 듯 다른 명절

중국의 추석(중추절)

춘절(설날에 해당), 청명절, 단오절과 함께 중국의 4대 전통 명절

중추절에는 거리 곳곳에 화려한 장식을 하고 아름다운 연등으로 마을을 장식한다.

각 가정마다 가족들이 월병을 먹으며 화목을 기원한다.

월병은 풍만하고 꽉 찬 둥근 모양을 하고 있으며 가족의 건강과 행복한 미래를 기원하는 의미로 그동안 헤어졌던 가족이나 친지가 모두 한자리에 모인다는 의미를 지닌다.

일본의 오봉과 츠키미(음력 8월 15일)

양력 8월 15일은 오봉이라는 명절이 있으나 이는 불교 행사에서 유래되었다.

츠키미는 음력 8월 15일부터 9월 13일까지 달을 감상하는 기간으로 달맞이는 하는 우리의 추석과 비슷하다고 볼 수 있다.

제철 음식과 본오도리라는 전통춤으로 마을마다 흥겨운 시간을 보내는 것이 특징이다.

베트남의 뎃쭝두(Tet Trung Thu 음력 8월 15일)

뎃쭝두는 추석달을 본다는 의미를 가지고 있으며 원래 아이들의 행복을 기원하는 아이들의 명절로 알려져 있다.

전쟁으로 인해 보살핌을 받지 못하는 아이들에 대한 사랑의

마음이 그 기원이라는 설 등 기원에 대한 설은 다양하나 아이들의 미래를 축복하고 사랑하는 마음을 담은 명절이다.

아이들이 다양한 모양의 등불을 손에 들고 거리를 행진하는 모습이 특징이다.

필리핀의 만성절(All Saint Day 양력 11월 1일)

모든 성인을 추모하는 의미로 카톨릭의 축일이며 조상을 추모하고 성묘하는 행사를 하게 됐다.

이 시기에는 묘지를 찾는 성묘객이 많고 음식과 술을 조상에게 대접한다는 점에서는 우리나라의 추석 차례와 유사하다.

이날은 늦은 밤까지 촛불을 밝혀 조상에 대한 추모와 추억을 되새기기도 한다.

캄보디아의 프춤번(Puchum Ben 양력 9월 22~24일)

쌀을 함께 나눈다는 의미로 수확물에 대한 감사의 의미를 새기는 날이다.

이 날이 가까이 오면 도시에 사는 직장인들은 휴가를 내어 고향으로 돌아가 가족들과 조상에 대한 제사를 지내거나 사원에 들러 스님에게 공양을 올리고 가족의 건강과 안녕을 기원한다.

프춤번은 설날과 물 축제와 함께 캄보디아의 중요한 국가적 명절이다.

인도의 디왈리 축제(Diwali 10월중)

10월의 빛 축제로 알려진 이 축제는 아름다운 폭죽과 전등과 색채 등으로 인도 전역이 화려하게 꾸며진다.

디왈리 기간 동안 인도인들은 친구나 지인들을 집으로 초대하는 문화가 있다.

재미있는 문화 이야기

각 국가별 유의 사항

◉ **인도네시아:** 이슬람 국가이기에 복장에 각별한 유의가 필요하다.

슬리퍼, 수영복, 반바지, 소매 없는 옷을 입는 것을 피하는 것이 좋다. 특히 종교적인 장소 즉 사원, 모스크에 들어갈 때는 신발을 벗고 들어가는 것이 예의이다.

◉ **파키스탄:** 파키스탄인의 96%가 회교인이며 이슬람은 파키스탄의 국교이기에 종교에 대한 비난이나 부정적 언급은 피해야 한다. 과다한 노출이나 요란한 옷차림도 삼가는 것이 좋다. 사진 촬영은 제한 지역 외에는 자유롭게 할 수 있으나 마을 주민을 촬영하는 것은 피하는 것이 좋다. 술은 호텔 객실에서만 마실 수 있으며 지역에 따라서는 여권을 보여주고 음주 신청서에 사인해야하는 경우도 있다.

◉ **일본:** 일본 사람의 집에 초대받거나 기관을 처음 방문할 경우 작은 성의 표시로 작은 선물을 준비해야 한다. 선물은 흰색 종이로 포장해서는 안되며(흰색은 죽음을 의미), 칼은 자살을 의미하기 때문에 절대 선물하지 않는다. '4'와 관련된 모든 선물은 하지 않으며 홀수로 준비한다. 일본인을 처음 만나거나 기관을 방문할 경우 반드시 명함을 준비하는 것이 좋다. 이는 직장인뿐만이 아닌 대학생들도 명함 문화가 일반화되어 있다.

◉ **태국:** 발로 사람이나 물건을 가리키는 행동은 무례한 것으

로 여겨진다. 태국 사람들은 특히 머리를 쓰다듬는 것을 좋아하지 않기에 실수로라도 머리를 건드리게 될 경우 반드시 사과를 해야 한다. 태국은 불교 국가이기에 모든 불상은 크든지 작든지, 오래된 것이든 새것이든 신성한 것이기에 사진을 찍기 위해 불상에 올라간다거나 불경스러운 행동을 피해야 한다.

태국의 왕실은 태국인들의 존경을 받고 있기 때문에 관광객들은 무심코 왕실을 모독하는 행동이나 말을 하지 않도록 조심해야 한다. 타인에게 물건을 건네줄 때 왼손은 사용하지 않는다(태국에서 왼손은 화장실에서 사용하는 손이므로). 여자의 경우 승려에게 말을 걸거나 물건을 직접 건네주는 것도 금지되어 있다.

◉ **말레이시아:** 왼손을 부정한 손으로 여기기 때문에 식사나 악수 등은 반드시 오른손으로 해야 한다.

◉ **싱가포르:** 벌금을 물지 않으려면 껌이나 침을 뱉지 않는 기본적인 것부터 잘 준수해야 한다. 특히 화장실에서 용변 후 물을 내리지 않는 것도 불법이다.

Memo

제6장

6 이슬람 문화에 대한 이해와 오해

1 이슬람 문화에 대한 개요

1) 이슬람교란

이슬람이란 일반적으로 "절대자에게 복종"함을 의미한다. 7세기 무렵 아랍인의 원시 종교와 유대교 및 크리스트교가 복합된 종교로서, 7세기 아라비아 반도에서 무함마드에 의하여 창시되었다. 성지는 메카이며, 서남아시아와 모로코를 비롯한 북부 아프리카, 파키스탄 인도네시아, 말레이시아 등지의 동남아시아와 중앙아시아 등지에 비교적 고르게 분포되어 있다.

약 15억의 인구가 이슬람교를 따르고 있으며 엄격한 계율과 종교 의식으로 다른 종교에 비하여 결속력이 강한 편이다. 기독교가 사랑, 불교가 자비, 유교가 인(仁)을 핵심적인 덕목으로 삼는다면, 이슬람교는 평화와 평등의 종교라고 할 수 있다.

한편 이슬람 문화를 사라센 문화 또는 아라비아 문화라고도 하는데 이는 이슬람교와 아랍어에 바탕을 둔 아라비아인을 정치적 중심 세력으로 하여 이란인, 투르크인들의 합작으로 이룩된 것이라고 할 수 있다. 고대 오리엔트시대 이후의 서아시아 문화의 전통을 계승하면서 인도와 그리스 문화가 혼합된 문화가 그 바탕을 이룬다고 할 수 있다.

● 이슬람 문화권(이슬람 세계)이란

이슬람을 국교로 정한 나라와 무슬림이 다수파를 차지하고 있는 모든 나라의 집합을 의미하고 현재 이슬람 기구 소속 57개 국가, 약 15억 인구가 포함되어 있다.

이슬람 세계는 중동 세계를 포함하여 동남아 지역과 동유럽 일부 및 아프리카 지역에 분포에 되어 있으며 일부 석유 산유국을 제외하고 거의 대부분이 빈국에 속하며 정치적으로 제3 세계 민족주의 이념을 표방하고 있는 것이 사실이다. 한편 우리와 가까운 동남아시아, 아프리카 북부의 국가들도 이슬람 문화권에 속해있다.

2) 이슬람과 혼동되는 용어들

이슬람과 관련한 용어 중에 혼동을 일으키는 몇몇 대표적 단어들이 있다. 예를 들면 중동 국가, 아랍 국가 등이다.

● 중동 국가

지정학적 위치에 따라 동양의 중간에 있는 나라를 의미한다. 이는 지극히 유럽 중심의 시각에서 정해진 지정학적 개념으로 1902년 미국 해군 제독 알프레드 마한이 페르시아만 주변 지역을 처음으로 중동이라고 칭한 데서 비롯되었다. 한편 1930년대 호분 영국의 중동 사령부가 이집트로 이전하면서 이집트도 중동 지역에 포함되었다. 따라서 중동 국가는 지정학적 위치로 그 지역에 위치하고 있는 국가를 일컫는 말이다. 중동 국가라고 해서 모두 아랍 국가라고 할 수 없으며 이슬람 국가라고도 할 수 없다. 예를 들면 이슬라엘은 중동 국가이기는 하지만 이슬람 국가도, 아랍 국가도 아니다.

● 아랍 국가

이슬람을 국교로 하면서 아랍어를 사용하는 나라들을 일컫고 있으며 이들 국가는 정치적, 언어적으로 결속되어 아랍 연맹을 구성하고 있다. 다시 말해서 아랍 국가라고 하는 것은 이슬람 국가 중 아랍어라는 언어를 중심으로 결성되었다고 볼 수 있다. 따라서 이슬람 국가 중에서도 아랍어를 사용하지 않는 국가는 아랍 국가라고 할 수 없다. 예를 들면 이란은 중동 국가이며 이슬람 국가이지만 페르시아인으로 민족과 언어가 다르므로 아랍 국가는 아니라고 할 수 있다.

아랍 연맹에 가입된 국가는 알제리, 코모로스, 시리아, 레바논, 요르단, 팔레스타인, 이라크, 사우디아라비아, 쿠웨이트, 바레인, 카타르, 아랍에미레이트, 오만, 예멘, 이집트, 수단, 지부티, 소말리아, 리비아, 튀니지, 모로코, 모리타니아 등의 국가들이다.

3) 이슬람교의 기본 교리

종파에 따라 약간의 차이는 있으나 전세계 무슬림의 80% 이상을 차지하는 수니파를 비롯한 많은 종파들이 이 교리를 따르고 있다.

(1) 6가지의 믿음

- 유일신 알라에게 절대 순종한다.
  → 알라 외의 다른 신은 없다고 믿고 있다.
- 무함마드는 알라의 사도이다.
  → 무함마드는 신의 전언을 전달하도록 신탁 받은 한 인간에 지나지 않는다고 믿고 있다.
- 코란(꾸란)은 신의 최종적이고 가장 완벽한 말씀이다.
  → 무함마드에게 전해진 모든 계시, 즉 태초의 말씀은 빠짐없이 수록되어 있는 성서이다.

- 천사에 대한 믿음

→ 천사는 계시를 전해주는 가브리엘 대천사를 수장으로 위계층을 이루고 있다.

- 내세의 운명은 정해져 있다.
- 인간의 운명은 정해져 있다.

(2) 5가지의 실천

- ① 신앙의 고백, ② 예배, ③ 단식, ④ 종교세, ⑤ 순례
- 신앙의 고백

→ 신의 유일성과 무함마드가 사도(샤하다)임을 공언하면 누구나 무슬림이 될 수 있다고 한다.

- 예배

→ 단독으로 올릴 수 있으나 사원에서 올리는 것을 권장하고 있으며 금요일에는 사원에서 집단으로 예배를 올리게 된다.

- 단식

→ 이슬람 달력으로 9월(라마단) 한 달 동안 매일 해가 떠서부터 질 때까지 먹지도, 마시지도, 피우지도 못하는 일체의 금욕 생활을 해야 한다.

→ 대신 밤에는 식사를 하고 특별 예배를 보면 대부분 야간 활동은 허용된다.

- 종교세

→ 이슬람 국가에서는 무슬림들로부터 그들의 소득의 2.5%에 해당하는 액수를 정부 관리들이 징수하여 성전의 건축, 가난한 사람의 구제, 공공사업의 추진으로 사용하였으나 오늘날 대부분의 이슬람 지역에서는 강제성은 없다. 이러한 종교세를 거두는 대신 사원에 개인적으로 헌납이나 헌금은 거의 없다고 한다.

- 순례(하지, 핫지)

→ 코란에는 신체 건강한 남녀 성인 신자는 모두 적어도 일생에 한 번의 순례를 의무로 규정하고 있다.

→ 이슬람 달력 12월 10일을 전후하여 많은 이슬람 교도들은 메카를 방문하게 된다.

보충 자료

출처는 네이버 닷컴의 오픈 사전이며 이를 근거로 재정리한 것임.

이슬람교와 관련된 상식

① 초생달과 별

- 이슬람의 가르침은 달과 별처럼 인간을 안내하는 것이라고 믿고 있다. 많은 나라들이 별과 달이 포함된 국기를 사용한다. 별과 달은 알라의 권능을 상징한다.

- 초생달: 무하마드가 계시를 받은 첫날
- 별은 지식을 달은 진보와 발전을 의미한다.
- 이슬람에서는 엠블란스의 표시로 십자가 대신에 초생달 기호를 사용한다.

② 이슬람 예술

- 무하마드는 알라에 대한 믿음과 숭배가 유혹을 받을 수 있으므로 사람이나 동물 그림을 못 그리도록 한다. 대신에 기하학적인 다양한 서체, 회화, 조각 등의 예술이 발달했다.

- 음악도 인간을 타락시킨다는 이유로 금지시켰다.

③ Masjid(모스크)

- 아랍어의 마스지드는 이마를 땅에 대고 절을 하는 곳을 의미한다.
- 에스파냐어의 메스키타 및 프랑스어 모스케를 거쳐 영어의 모스크로 변한 것이다.
- 사원 내부에 회랑(回廊)이 있고, 안뜰에는 청정(淸淨:우드) 의식을 행하는 샘물이나 수반(水盤)이 있다.
- 건물 내부에는 메카의 방향(키브라)을 나타내는 벽감(壁龕: 미흐라브)과 설교사(키티브)를 위한 단(壇:민바르)이 있다.
- 회랑 한쪽에는 1~6개의 탑(마나르)이 솟아 있고, 예배 시각이 되면 예배당을 지키는 무아딘이 탑에 올라가 예배를 권유하는 '아잔'을 소리 높여 낭송한다.

④ 코란

- 하나님의 말씀이 담긴 책이므로 무슬림들은 코란을 읽기 전에 몸을 청결히 해야 하며, 코란을 읽는 중에는 음식을 먹거나 남과 이야기해서도 안된다. 코란을 읽지 않는 경우는 경외의 의미에서 가장 높은 곳에 놓아두며 반드시 덮어두고 소중하게 다루어져야한다.

⑤ 이슬람 복장

- 이슬람 여성의 hijab(베일)은 남성의 유혹을 예방(코란 33:59)하기 위함이다.
  이슬람 여성들이 입는 검은 옷은 Abaya(아바야)라고 하며, 아프간에서는 부르카, 이란에서는 차도르라고 한다.

⑥ 이슬람 염주

- 예배가 아닌 시간에는 염주(Tasbih)를 돌리며 신앙심을 유지한다.
- 알라의 99가지 이름을 따 99개로 되어 있으나 보통은 33개의 염주 3개로 나누어 사용한다.

⑦ 청정 의식

- 예배 전에 몸을 깨끗이 씻는 의식(Taharah), 여자와 남자 지역이 분리되어 있다.
- 물이 없는 사막에서는 모래로 병자는 약식으로 하면 된다.

⑧ 예배

- 메카 방향으로 서서 하루 5번의 예배를 드려야 한다.
- 새벽 예배 때 2번, 정오 및 오후, 밤은 4번, 일몰은 3번의 절을 해야 한다.

⑨ 이슬람 축제

- Eid Al-Fidr(금식 종료 기념 명절)
- Eid Al-Adha(희생제): Haji(순례 기간)종료 시점에 시작 이 기간 중에 무슬림들은 선물 및 카드를 교환한다.

⑩ 이슬람 3대 성지

- 메카(선지자 무하마드의 출생지)
- 메디나(무하마드의 사망지)
- 알쿠드스(예루살렘, 무하마드의 승천한 장소)

(3) 이슬람교 종교와 관련한 직업들: 이슬람교는 성직자가 없다

- **이슬람은 인간과 하나님 사이의 어떠한 영적 중간 매개체도 인정하지 않는다.**

→ 무슬림들은 중간 매개체를 거치지 않고 언제나 하나님과 직접 대화하며 무슬림은 성장 과정과 생활 전반에서 이슬람의 교리를 체계적으로 배우고 실천하고 있기에 이를 바탕으로 누구나 종교 교육자와 선교사로의 기본 자질을 터득할 수 있다고 믿고 있다. 따라서 원칙적으로 모든 무슬림은 종교 교육자이며 선교사가 될 수 있다.

- **이맘의 역할**

→ 예배할 때 앞에서 예배를 인도하는 사람을 일컬으며 원칙적으로 모든 무슬림들은 예배를 인도하는 이맘이 될 수 있다. 이맘은 모스크에 고용되어 모스크 지기로 상주하면서 모스크를 관리하게 된다. 그리고 누구나가 이맘이 될 수 있다고 한다.

- **칼리파의 역할**

→ 이슬람 공동체 안에서 종교 문제에 대한 총지휘권을 가지고 있는 사람을 의미한다. 칼리파는 공동체를 해임할 권한을 가진다. 이슬람에서는 공동체의 구성원들로부터 충성의 서약을 받은 후 권한이 인정되는 계약에 의한 정치 제도를 가지고 있다.

- **울라마**

→ 순수한 종교 법학자 및 신학자들로서 이슬람 초기 시대부터 예언자 무함마드의 언행과 유산을 모아 정리하고 해석하여 이슬람법인 샤리아를 체계화한 학자 집단을 울라마라고 한다. 무슬림 대중으로부터 높은 학식과 고귀한 성품으로 존경받는 법학자 및 신학자들을 통칭하

지만 평신도도 울라마가 될 수 있다.

2 이슬람교와 이슬람 문화 어떻게 바라볼 것인가?

1) 서구 사회와 이슬람 문화권은 왜 서로 충돌하는가?

(1) 1200년 이상의 오랜 전쟁과 침략, 지배로 인한 갈등

서구 사회는 이슬람 세력으로부터 고대부터 1200년간의 지배와 피지배의 상처와 트라우마로 인한 이슬라모포비아(Islamophobia)가 형성되었다고 볼 수 있다. 서구와 이슬람 세계는 제2차 세계 대전까지만을 잡더라도 1,200년간 지배-피지배의 지울 수 없는 상처와 트라우마를 갖고 있다. 711년 아랍 군대가 지브롤터 해협을 건너 이베리아 반도를 점령, 732년에는 지금의 프랑스 파리 인근 지역까지 진출, 이탈리아의 남부 지역도 200년 이상 아랍의 지배를 받았으며 800년간 스페인의 이베리아 반도는 이슬람 세력의 땅이었다. 다시 말해서 711년부터 1683년까지 약 1000년간 서구는 이슬람에게 침략, 지배당했다고 볼 수 있다. 기독교 세계가 이교도인 이슬람 교도로부터 1000년간의 지배를 받으며 공포와 위협을 느끼며 살아왔고 이것이 이른바 이슬라모포비아(Islamophobia), 즉 이슬람 공포증, 이슬람 혐오증의 역사적 뿌리라고 할 수 있다.

이후 약 100년간 서구와 이슬람 사이의 냉전 시기를 거치고, 1798년 나폴레옹의 이집트 정벌을 계기로 서구가 이슬람 세계를 지배하게 된다. 그 후부터 200년 동안 전 이슬람 세계는 서구로부터 침략, 지배를 받게 되는데 동남아 인도네시아는 네덜란드, 필리핀 남부는 스페인, 인도, 스리랑카, 말레이시아는 영국, 북아프리카는 프랑스와 이탈리아, 중동 전역은 영국과 프랑스에 의해 식민 지배를 받게 되었다. 이후

제1, 2차 세계 대전 동안에 대부분의 아랍 국가들이 독립하게 된다. 이슬람의 입장에서 보면 자신들이 과거 1000년 동안 지배하였던 세력으로부터 오히려 지배를 받게 되었을 때, 이슬람 세계가 느꼈을 모욕감, 고통, 문화적 파괴에 대한 저항감이 엄청났을 것이다. 그리나 현재 90% 이상의 대다수 이슬람 세계의 국민들은 현실을 수용하고 서구와 협력, 공존하여 평화롭게 나가고자 하나 일부 급진 세력만이 기회가 있을 때마다 적개심과 분노를 표출하는 극단주의를 표방하고 있는데 이들 일부 극단주의자들이 문제를 일으키는 것이 현실이다. 그러나 대부분의 이슬람 국가에서는 극단주의를 테러에 대해서는 반대하고 있다.

(2) 서구 언론들의 왜곡된 보도와 일부 정치가들의 전략에 의해 호도

우리를 포함한 전세계 대부분의 사람들은 CNN, BBC, 타임, AP통신, 로이터, 워싱턴 포스트, 뉴욕타임즈 등은 세계의 언론의 중심이라고 할 수 있는데 이들 언론을 통해서 이슬람 문화에 대한 소식을 접하는 것이 대부분이다. 또한 이들 언론은 대부분 유대인 중심의 언론이기에 이스라엘과 전쟁 중인 팔레스타인을 중심으로 아랍 이슬람 세계를 바라볼 때 전쟁 당사자의 시각과 의견을 통해서만 아랍 세계를 바라볼 수밖에 없는 상황이기도 하다.

이와 같이 다소 왜곡된 언론의 편중 및 적대적 이해 당사자의 시각을 통해 다른 세계를 바라볼 수밖에 없는 구조적 한계 때문에 이슬람 사회 주류의 생각 및 문화적 본질은 무시하고 사건, 사고, 뉴스 중심의 틀을 통해서만 이슬람 세계를 보고 있다는 점이 아쉬운 점이다.

(3) 이슬람 문화권 내 국가 간의 구심점 역할을 하는 세력이 미약

이슬람 문화권의 57개 국가는 현재 수니파, 시아파와 같은 종파적 가치보다는 민족 및 부족주의를 더 상위 가치로 두고 있어 국가간의 결속력이 미약하여 서구 사회에 공동 대응하는데 많은 어려움이 있다.

(4) 이슬람국가 대부분이 제3세계

이슬람 국가의 대부분이 제3세계의 핵심을 차지하고 있으며 많이 낙후되었기 때문에, 거대한 주류로 자리 잡은 서구 세계의 매체에 대항할 만한 선전 매체를 갖추지 못하고 있으며 역량 및 인재 풀 역시 부족한 상황이다.

(5) 이슬람교는 선교나 성직자가 없음

이슬람교는 평등을 가치로 하기에 선교사 및 성직자가 없다. 체계적인 선교 자체가 없는 것이다. 문화권 외부에 이슬람교를 선전 및 홍보할 수 있는 조직적 기구가 없다는 점이 이들을 대변하거나 변호할 방어 논리를 펼칠 수 없게 한다. 비이슬람권에서는 이슬람을 제대로 접할 기회가 상대적으로 부족하다고 할 수 있다.

2) 한국은 이슬람을 어떻게 바라보고 대해야 하는가?

(1) 한국과 이슬람의 관계

우리가 천연가스 및 에너지 자원의 90%를 이슬람 세계에 의존하고 있다는 사실을 막연하게 알고 있는 것이 현실이다. 또한 우리 기업이 지난 30~40년 동안 해외에서 벌어들인 건설 플랜트 수주 평균 70%가 중동에서의 성과를 올렸고 덕분에 상당한 경제 성장을 이룰 수 있었다.

그리고 현재 아랍 문화권 대부분에서 "메이드 인 코리아"가 시장 점유율 1위로서 특히 IT, 가전, 자동차 분야에서는 한국이 부동의 1위를 지키고 있다는 점을 우리는 인식할 필요가 있다.

최근에는 K팝, 한류 열풍이 불면서 한국에 대한 관심이 급증하고 있으며 이란에서는 〈대장금〉 시청률이 90%를 상회할 정도이며 이외에도 한국의 드라마가 인기리에 상영 중에 있다. 그들은 '코리아'를 좋아하고 한국 물건을 열성적으로 구매하며 큰 공사는 한국인들에게 맡겨주고, 우리에게 안정적인 에너지 공급 국가로서의 역할을 해주고 있는 정말 고마운 세계라고 할 수 있다.

이슬람 문화권은 식민지 지배에서 벗어나 전쟁과 빈국의 경험을 하면서도 짧은 기간 동안에 빠른 성장을 하고 독립적 고유의 전통을 유지하면서 경제적 성과를 이룬 한국을 발전의 롤 모델로 삼고 있다.

(2) 한국은 이슬람을 어떻게 볼 것인가?

610년 아라비아에서 무하마드에 의해 창시된 이슬람교는 1400여 년이 지난 현재, 15억 추종자를 거느린 종교가 되었음에도 불구하고 우리나라의 많은 사람들은 이슬람 문화에 대해 이해가 많이 부족한 편이다. 서구가 말하는 이슬람주의 및 수니파-시아파 사이의 종파적 갈등은 사실보다 훨씬 확대, 증폭, 과장된 측면도 있다는 사실을 우리는 주목할 필요가 있다.

그들의 입장에서는 서구 사회가 한국보다도 더 앞서 있다는 점은 인정하지만 200년간의 서구 사회로부터 겪은 역사적 아픈 상처가 있기에 싫은 것이 사실일 것이다. 실제로 여러모로 우리에게 많은 도움을 주었고 지금도 우리를 동경하고 있기에 우리는 서구의 왜곡된 시각을 그대로 수용하기 보다는 이슬람 문화권에 대해 따뜻한 시선으로 볼 필요가 있다. 일부 테러리스트의 모습만을 보고 이슬람 전체를 테러리스트로 몰아가서는 안 될 것이다. 테러를 지구상에서 축출하는데 있어서도 이슬람 문화에 대한 왜곡된 시선은 도움이 안된다. 오히려 이슬람 문화에 대한 바른 이해와 연구, 나아가서는 민간 대 민간의 교류와 학술, 스포츠, 문화적 차원에서의 교류와 협력이 더 절실하다고 판단된다.

3 이슬람 문화의 관습과 매너

1) 금기 사항

간음과 매춘 행위, 음주, 돼지고기 판매, 이자 놀이 등을 생활의 금기로 삼고 있다. 아직도 일부 국가들에서는 요란한 음악과 영화와 춤 등도 공식적으로 허용하지 않은 상태이나 젊은 층들 사이에서는 이루어지고 있다. 주로 공식적 교육은 이슬람 종교 교육이 중심이 되고 있다.(음악이나 무용과 같은 교육 과목이 없는 경우가 많았으나 최근 들어서는 현대적 교육과 종교를 분리시켜 서구 음악과 무용을 교육하는 과목도 설치되는 경우가 많다).

2) 이성 교제와 결혼

● 이성 교제

원칙적으로 결혼 외의 이성 관계를 허용하지 않고 있으며 여성의 경우 가족이나 남편 이외의 사람들에게 얼굴이나 머리카락을 보여서는 안된다. 남성이 남의 부인이나 여성 가족에 대한 안부를 물어서도 안되며 대화도 허용하지 않는 경우가 많다. 이슬람 여성들의 베일(hijab)은 남성의 유혹을 예방하기 위한 것으로 이슬람 여성들이 입는 검은 옷은 아비야(abaya)라고 하며 아프간에서는 부르카, 이란에서는 차도르라고 한다.

● 결혼

결혼은 모든 무슬림들의 의무 사항이며 법적으로는 이혼도 허용되지만 자유롭지 않은 것이 사실이다. 원칙적으로는 1부 4처까지 허용되고 있으나 실제로 2명 이상의 부인을 둔 경우는 그리 많지 않다. 대신 일체의 혼외정사(매매춘이나 간통)는 허용되지 않고 가족이나 친척 이외의 남녀가 같이 외출할 수 없다고 한다. 또 다른 부인을 맞이할 경우 기존 부인들의 동의를 구해야 하고 4명의 부인에게 매우 공정하게 대우해주어야 한다고 한다.

재미있는 문화 이야기

1. 이슬람 여성과 베일

1) 이슬람여성들은 왜 베일을 쓰는가?

이슬람 여성들은 다양한 형태의 베일을 사용하고 있다. 여기에는 종교적 율법에 대한 복종과 상징을 나타내기도 한다.

사용하는 베일은 이슬람 국가마다 약간씩 다르지만 공통적인 것은 머리를 가린다는 점이다. 이러한 베일을 사용하는 것은 이슬람 법령에 따른 것이기는 하지만 이슬람 여성들이 가려야 할 신체 부위가 구체적으로 언급돼 있지 않아 이슬람 법학자들의 해석에 따라 가려야 할 부위가 결정되었다.

그래서 각 이슬람 국가의 관습에 따라 어느 지역은 온몸을 가리고, 어느 지역은 얼굴만을 가리는 게 적절한 모습이었고, 또한 얼굴만 보이고 온몸을 가리는 모습이 당연시 된 지역도 생겨

나게 된 것이다.

이슬람 여성들의 베일은 다른 문화권의 관점에서 보면 여성의 권리와 자유를 억압하는 것으로 보이지만, 사실은 이슬람의 가치를 중시하는 여성들이 자신들의 종교를 확신하는 상징이기도 하다. 그러나 최근에는 종교적 신념과 전통의 보존, 개인의 자유 의지에 따른 선택 사이에서 갈등하고 있는 무슬림 여성들이 늘어나고 있으며 이슬람 사회의 사회적·문화적인 규제도 조금 더 개방적이고 덜 보수적인 방향으로 나아가고 있는 것이 사실이다.

2) 베일의 종류

그 특징에 따라 부르카, 니캅, 히잡, 차도르 등의 이름으로 다양하게 불린다. 천으로 머리 부분과 목 부분을 가리는 효과를 준다는 점은 공통적인 특징이다.

(1) 부르카(Burqa): 눈을 포함한 몸 전체를 가리는 옷으로 눈 부위는 얇은 천이나 망사로 처리하여 앞을 볼 수 있도록 하고 간혹 장갑까지 착용하기도 하며 대체로 아프가니스탄, 이집트의 여성이 주로 착용한다.

(2) 니캅(Niqab): 머리를 가리는 형태의 히잡에 가리개를 덧붙여 눈 부분만 드러내고 몸 전체를 가리는 옷을 말하며 주로 파키스탄, 모로코, 사우디아라비아와 페르시아만의 아랍 국가 여성들이 사용한다.

(3) 차도르(Chador): 얼굴을 제외한 몸 전체를 가리는 넓고 검은 색의 옷을 가리키며 주로 이란, 이라크의 여성들이 많이 착용한다.

(4) 히잡: 얼굴만 드러내는 두건을 의미하는 것으로 종교적인 의미를 가질 뿐만 아니라 여성성을 표현해주기도 하는데 주로 터키와 레바논처럼 상대적으로 개방된 이슬람 국가들에서 사용된다.

이슬람 여성들의 지위에 관한 글과 그림
출처: [네이버 지식백과] 이슬람 사회의 여성들(이라크에서 보물찾기, 2003., 아이세움)

2. 이슬람 여성들의 사회적 위치는 어떨까?

이슬람은 종교적인 임무와 수행에서 남녀의 평등을 규정하고 있다. 결혼, 이혼, 상속권 그리고 재산권 문제에서도 여성의 권리를 보장하고 있지만 아직까지는 제한된 부분이 많다. 하지만 보수적인 이슬람 왕정 국가 사우디아라비아도 변화하고 있다.

사우디아라비아는 1999년 말 여성에게도 '주민등록증'을 발급했으며, 유엔이 제정한 '여성 차별 철폐 조약'(CEDAW)에 가입했다. 이는 여성의 자동차 운전을 금지할 만큼 보수적인 사우디아라비아의 여건을 고려해 본다면 획기적인 조치가 아닐 수 없다.

프랑스의 식민 지배 탓으로 여성 정책이 다소 개방적인 모로코에서도 최근 여성의 사회적 진출이 두드러졌다. 모로코 국영항공 보잉 747기를 모는 여성 조종사가 세 명이나 탄생하는 등 사회 각 분야에 걸쳐 여성 진출이 눈에 띄게 두드러지고 있다.

3) 음식 문화

이슬람법에 따라 돼지고기와 술은 금지되어 있다. 식사 때 반드시 오른손만을 사용해야 하며 불가피할 경우 포크와 나이프를 사용하게 된다. 경우에 따라서는 다른 사람이 오른손으로 음식 잡아주기도 한다. 주요 음식은 밥과 양고기, 닭고기로 구성되었으며 알콜이 금지되었기에 주로 차 문화가 발달되어 있다.

재미있는 문화 이야기

할랄과 할랄 식품이란

할랄은 하람의 반대적 의미로 아랍어로 '허용된'이라는 뜻을 갖는다. 이슬람법(샤리아)에 허용된 항목을 뜻하는 말로, 이슬람 법상 먹거나 사용할 수 있도록 용인되는 모든 제품을 포괄한다. 반대로 금지되어 있는 것은 하람('금지된'이라는 뜻)이라고 한다. 이슬람법에서는 돼지고기와 동물의 피, 부적절하게 도축된 동물, 알코올성 음료와 취하게 하는 모든 음식, 육식 동물과 맹금류, 그리고 앞에서 언급된 품목이 함유된 모든 가공 식품이 금지되어 있다. '부적절하게 도축된 동물'이 금지된다는 말은 허용된 동물이라도 '자비하'라는 이슬람 도축 방식에 의해 도축한 것만 먹을 수 있다는 뜻이다. 할랄 제품의 대부분은 음식류인데, 이슬람 교도들의 수가 많기 때문에 할랄 푸드가 전 세계 식품 시장의 16%를 차지하고 있다.

특히 할랄 식품으로 인증받기 위해서는 매우 엄격한 검사 과정을 거쳐야 한다.

엄격한 위생을 요구하고 하람 식품과 접촉만 되어도 할랄 인증이 안되며 특히 3무가 필수 조건이다. 즉 독이 없고, 정신을 혼미하게 하지 않아야 하며(알코올, 마약 등), 위험하지 않아야 한다.

할랄 식품은 이러한 이유로 도덕적으로 생산되고 매우 위생적이며 안전하다는 평가를 받고 있는 것으로 알려져 있기에 미국, 유럽과 같은 선진국과 웰빙족, 채식주의자들에게 인기가 높다.

한편 우리나라에도 거주 외국인이나 이슬람계의 관광객 등의 수요로 할랄 식품에 대한 관심이 높아지고 있다. 또한 한국음식이나 식자재의 수출을 위해서도 식품 업계에선 할랄 인증 기준에 대한 관심이 높은 것이 사실이다.

4) 접대 문화

● 접대 문화

이슬람 문화권에 '손님이 찾아오지 않는 집에는 천사도 찾아오지 않는다'라는 말이 있다. 인적이 드문 사막의 생활 환경에서 사람을 만나는 것이 곧 축복이며 행복이라는 의미일 것이다. 윗사람을 공경하고 찾아오는 손님에 대해서는 극진하게 접대하는 것이 예의이며 미덕이다. 그리고 초대한 집주인의 부인이나 딸 등의 여성과는 거리를 두어야 한다. 만약 초대되었을 때 역시 여성을 위한 선물은 절대 가지고 가서는 안된다.

● 인사법

무슬림들은 상대방보다 인사를 길게 하는 것이 미덕이며 예의라고 생각한다. 무슬림들은 알라(하나님)외에는 고개를 숙여 인사하지 않고 악수로 대신하게 되며 악수 뒤에 오른손을 왼쪽 가슴에 얹는데 이는 자신의 진실과 친밀감을 표시하는 행위라고 할 수 있다. 상대방의 여성 식구에 대한 안부를 물어서는 안된다.

5) 여행자로서의 이슬람 문화에 대한 매너

● 손 사용법

물건을 건네거나 악수할 때 사람들과 대화하거나 의사소통할 때 왼손 사용을 삼가야 하며 오른손은 좋은 일에 왼손은 지저분하고 나쁜 일에 사용한다고 믿고 있다. 손가락을 구부리거나 사람을 손가락으로 가리켜서는 안된다.

● 이성을 대하는 법

남성이 여성을 빤히 쳐다본다던지 악수를 청하지 말아야 하며 상대방의 부인이나 딸 등의 여성 가족 구성원에 대한 안부를 묻거나 관심을 보여서는 안된다.

부인을 4명까지 인정하고 있기에 기혼 남성도 마음에 드는 미혼 여성에게 매우 적극적인 자세를 취하므로 태도를 분명하게 할 필요가 있다.

● 사교법

무슬림들은 매우 낙천적이며 느긋한 성품이므로 너무 서두르는 것을 싫어한다. 그리고 체면을 중시하는 이슬림인들은 남 앞에서 체면이 손상되는 것을 매우 치욕적으로 생각하므로 잘못을 공개적으로 지적하는 일은 없도록 해야 한다. 여행 시 라마단 기간을 알아두어야 한다. 라마단 기간에는 해가 있는 동안에는 아무것도 먹지 않으며 식당 영업도 하지 않으므로 이에 대한 대비가 필요하다.

승낙의 표시는 인샤알라라고 하는데 비무슬림의 입장에서 보면 자칫 불확실한 약속의 상징으로 들려서 보다 확실한 의미의 확답을 요구하는 경우 있는데 이 경우 무슬림들은 매우 불쾌하게 받아들이기에 주의를 해야 한다.

● 종교 장소에서의 예절

종교 장소나 공공 기관에 방문 시 민소매, 반바지, 샌들 등의 노출된 차림의 복장은 삼가야 해야 하며 실내에 들어갈 때는 신발과 모자는 반드시 벗어야 한다. 거리에서의 흡연이나 음주 등을 삼가고 이슬람 종교 생활에 거슬리는 행동을 하지 않는 것이 바람직하다.

6) 상거래 관점과 매너

이슬람의 무역과 상거래에 관한 기본 원칙이 꾸란과 하디스에 명시되어 있는데 특히 제품을 속이거나 저울을 속이는 상행위를 금하고 있다. 실제로 이슬람 간의 불필요한 상거래 경쟁을 꾸란에서 금하고 있다. 소속 집단에 대한 충성심이 강하고 이교도에 대해 배타적인 감정과 의심이 많아 처음 거래 시 중개인을 통한 거래를 하는 것이 유리하다. 모든 거래는 경영주의 책임하에 절대적인 권력으로 의사 결정이 이루어지며 지연 작전으로 상대를 초조하게 만들어 어부지리를 얻으려고 하는 상술을 가지고 있다.

주로 입찰 시 경쟁 심리를 유도하기도 하고 모자이크식 오퍼를 제시하는 경우가 많다. 또한 복잡한 것을 싫어하므로 제품 설명은 간단해야 하고 명확하여야 하며 실물을 보여주어야 믿는 경향이 있다.

특히 사람이나 동물의 사진이 부착된 것은 우상 숭배에 해당된다고 여겨서 종교상 금기시되기에 절대적으로 주의해야 한다.

거래를 하거나 사교를 할 때 자존심과 허세가 많은 이들에게 먼저 유대감 형성에 비중을 두면서 이슬람에 대한 이해와 신뢰성 제고에 먼저 힘쓰며 자존심을 세워주는 것이 가장 중요하다. 그리고 협상 시에 제공되는 강한 아랍 커피를 거절하거나 식사 초대에 불응하면 큰 모욕으로 간주하게 되므로 반드시 응해야한다. 만약 불가피한 사유가 있을 시 사유를 알려주고 다른 날짜를 제시할 수 있어야 한다.

상대방의 지위나 연령을 중시하고 매사 종교 교리에 입각해서 행동하며 자기 주장이 매우 강한 측면이 있다. 그리고 계약 체결 시 자기 주장이 강하며 합의된 사항의 이행도 불투명하고 계약 내용도 자기 편의주의로 해석하는 경우가 많으므로 매우 유의해야 한다. 이자 놀이는 금지되어 있으며 도박이나 가상적인 물품을 공급하겠다고 약정한 것도 무효가 된다. 계약의 요소에 어떤 하자가 있어 당사자의 일방이 계약의 무효화를 선언하면 그 효력은 상실된다(착오를 이유로 한 취소 및 사기에 의한 계약도 취소할 수 있다는 규정).

청결은 신앙의 절반을 차지할 정도 매우 중요한 원칙이니 주의가 요망된다. 그리고 출생지, 나이, 가족 사항 등에 대한 정보를 함부로 물어서는 안 된다. 견품이 없으면 거래가 성사되지 않으며 의사 결정은 책임자만이 할 수 있기에 의사 결정권자인지를 살펴볼 필요가 있다.

이스라엘과 교역을 했다던가, 또 이스라엘의 원료를 사용한 물건은 통관 자체가 불허가되기에 이 점 주의가 필요하며 특히 수송을 위한 선박이 이스라엘 항구에 기항한 사실이 밝혀질 경우에도 선적된 제품의 통관이 불허되는 경우도 있다.

7

제7장

대륙의 축소판 스페인

1 스페인의 일반적 개요

1) 스페인의 개요

- 정식 국가 명칭: 에스타도 에스파뇰(Estado Espanol)
  스페인은 영어명
- 행정 구역: 17개주(comunidad autonoma),
  2개 해외 자치시로 구성
- 국토 면적: 505,370㎢ / 세계 52위(CIA The World Factbook)
- GDP: 12,302억$ / 세계 14위(IMF 2015)
- 인구: 약 47,737,941명 / 세계 28위
  CIA The World Factbook 2014.07.

스페인의 주요 민족은 라틴계 스페인인으로 원주민인 이베리아인, 로마인, 게르만인, 아랍인 등 다양한 종족이 혼재되어 있다. 스페인은 기본적으로 다민족 사회(multinational society)로서 지역주의가 강하며 이러한 특징은 스페인의 다양한 문화와 독창성을 가질 수 있는 배경이 된다.

711~1492년에 걸쳐 약 780년간 지배했던 무슬림의 문화는 스페인

문화 전반에 상당한 영향을 끼쳤다. 스페인어 역시 라틴어와 아랍어의 영향을 많이 받은 것은 이 때문이기도 하다. 중세에는 유대인의 유입으로 또 다른 문화의 융합이 시작되기에 이른다.

무슬림과 유대인의 영향력은 국토 회복 운동(레콩키스타: Reconquista, 711~1492년까지 780년 동안 에스파냐의 그리스도 교도가 이슬람 교도에 대하여 벌인 실지(失地) 회복 운동)으로 인해 막을 내리게 되었다. 이후 기독교 세력이 스페인을 장악하게 되며 스페인이 로마 가톨릭 국가가 되었다.

스페인의 문화의 다양성과 독창성에는 역사적 관계뿐 아니라 지중해와 대서양을 접하고 있는 해양 국가라는 점도 이 큰 이유이기도 하다.

2) 우리나라와의 관계

스페인과 우리나라는 역사적으로 관계가 깊다. 한반도에 처음으로 발을 디딘 유럽 사람이 스페인 출신의 신부 세스페데스(Cespedes, Gregorio de)였다. 우리나라의 애국가를 작곡한 안익태 선생은 스페인에서 생활하다 여생을 마쳤는데, 그가 교향 악단을 창시한 마요르카 시에는 '안익태 거리'가 있다.

한국과 스페인은 1950년 정식 수교를 맺은 뒤 상주 대사관을 만들어 교류하고 있다. 스페인 바르셀로나 몬주익 언덕에 황영조 동상이 세워져 있는 데 2001년 경기도와 바르셀로나가 협의하에 1992년 바르셀로나 올림픽과 황영조의 마라톤 금메달을 되새기기 위해서 세우게 되었다.

2 세계의 관광 대국 스페인

1) 수치로 보는 스페인 관광

스페인은 전세계적으로 외래 관광객 유치 대국이기도 한데 미국과 프랑스, 중국과 더불어 4대 관광 대국을 형성하고 있다.

- **관광 대국 스페인의 자원:**

첫째, 유럽의 부엌이라 불리우는 다양한 먹거리를 들 수 있다. 태양과 해변, 유럽의 휴양지라 불리는 천혜의 기후로 인해 다양한 식자재가 생산된다. 천혜의 기후 조건을 바탕으로 하는 자연환경 + 포도주, 올리브, 목축 등의 환경과 농업을 중심으로 한 체험 관광 자원의 풍부함은 스페인의 관광 자원 그 자체이기도 하다.

둘째, 전국 곳곳에 산재해 있는 다양한 역사 문화유산과 유적으로 인해 나라 전체가 지붕 없는 박물관이며 유물 전시관이라 불리기도 한다.

셋째, 세계적인 문화 예술인들의 고향과 활약지가 스페인이었기에 유명 예술인의 작품의 배경이 되거나 생가가 많다. 예를 들면 화가인 파블로 피카소(Pablo Piccaso), 호안 미로(Joan Miro), 살바도르 달리(Salvador Dalí)와 건축가인 안토니오 가우디(Antonio Gaudi) 등이 스페인 사람이다. 스페인의 마드리드(Madrid)에는 엘 프라도(El Prado), 레이나 소피아(Reina Sofia), 티센(Thyssen) 박물관이 있고 빌바오(Bilbao)에도 주요 박물관이 있다.

넷째, 낙천적이며 이문화, 이방인에 대해 관대하고 순박한 국민성을 들 수 있다.

다섯째, 관광 산업을 국가 기간 산업으로 인식한 정부와 지자체, 관광업계의 적극적인 전략이라고 할 수 있다.

참고자료

파라도르(Parador)란

원래 파라도르는 스페인에서 휴양지의 의미이나 중세시대 때부터 내려오는 수도원, 고성, 여주의 저택, 요새 등의 역사적인 건축물을 개조하여 국영 호텔로 이용되고 있으며 스페인 전역에 약 100곳이 영업 중이다. 냉방 장치나 샤워 시설 등은 현대적으로 손봤지만, 고가구와 예술 작품으로 꾸며진 인테리어에서는 옛 정취가 묻어난다.

3 스페인은 어떤 나라: 대륙의 축소판

1) 스페인은 대륙의 축소판, 다양한 문화의 모자이크

● 스페인은 "대륙의 축소판", "미니 대륙"

구석기 시대, 로마, 게르만, 이슬람 문화, 기독교 문화의 유산까지 모두 보존하고 있는 세계 유일한 나라이기도 하다. 그리고 스페인의 문화유산은 전 국토에 분포되어 있으며 유네스코가 지정한 세계 문화유산이 가장 많은 나라 중 하나이다.

● 문화의 용광로

711년 이슬람 군대는 당시 로마 카톨릭교를 믿고 있던 서고트족을 몰아내고 800년 동안 이나 스페인을 지배하며 찬란한 아랍 문화와 이슬람 문화를 꽃피웠다. 이로 인해 스페인은 다양한 문화 유적과 민족들의 삶이 어우러져있다.

711~1492년에 걸쳐 약 780년간 지배했던 무슬림의 문화는 스페인 문화 전반에 상당한 영향을 끼쳤으나 800년 동안 빼앗긴 국토를 찾기 위한 벌였던 시기를 레꽁키스타(Reconguista: 국토 회복 운동)라고 부른다.

이 거센 레꽁키스타 물결에 이슬람 식민지는 하나씩 무너져갔고 그라나다 왕국만이 남았는데 1492년 페르난도 왕과 이사벨 여왕이 무혈입성하여 재정복의 운동이 막을 내리게 되었다. 이후 이슬람 왕조가 260년간에 걸쳐 건립하고도 완공 이후 단 10년 만에 왕궁을 떠나야했던 알함브라의 궁전은 이후 스페인의 상징적인 건축물이 되고 있다.

그라나다 함락과 함께 이슬람의 마지막 왕조인 나스르 왕조를 끝으로 스페인에서의 이슬람 역사는 막을 내리고 기독교 역사가 시작되었다.

스페인의 남부 지역인 안달루시아는 8세기 초부터 약 800년간 이슬람 세력의 지배를 받아 이 지방의 문화에 큰 영향을 끼쳐 인근 유럽 국가에서는 볼 수 없는 유산들이 많다. 특히 로마네스크 건축과 고딕 건축이 이슬람풍과 섞여 다른 유럽 국가에서는 볼 수 없는 스페인 고유의 기독교 건축 양식이 만들어졌다. 알함브라 궁전, 세비야 대성당, 세비야의 알카사르 등이 대표적 이슬람 영향의 건축물들이다.

2) 열정과 태양의 나라

(1) 열정과 태양의 나라

● 열정적이면서 정감이 넘치는 스페인 사람들 인성

스페인 사람들은 오랫동안 다문화 속에서 살아오고 동시에 자연의 풍요로움으로 인해 타문화권에 대한 거부감이 거의 없으며 정열적이면서 정이 넘치는 국민성을 가지고 있다. 스페인은 특히 여성의 지위기 상당히 높으며 가정 내에서도 남편은 아내에게 하루에 6번 이상의 각기 다른 표현으로 애정표현을 해야 하며 그렇지 못할 경우 이혼 사유(?)가 된다고 할 정도로 아내에 대한 열정적인 사랑이 요구되기도 한다.

● 태양으로 인한 풍요로움의 나라

연중 200일이 태양이 내리쬐는 맑은 날씨로 유럽 최고의 일조량을 자랑하는 나라이다. 풍부한 일조량으로 인한 농축산물의 풍부함은 물론 인근 해역으로부터의 풍요로운 수산물로 둘러 싸여있다. 포도와 올리브의 최대산지, 각종 수산물을 활용한 요리의 발달, 풍부한 축산재료를 활용한 육류 저장 음식 등 매우 다채롭다.

(2) 스페인만의 독특한 국민 생활 문화

● 시에스타(스페인어: La Siesta, 낮잠)

늦은 저녁 식사 시간과 활발한 밤 문화, 그리고 대낮의 뜨거운 태양으로 인해 낮 기온이 너무 높은 스페인(지역에 따라서는 한낮의 온도가 섭씨 40도에서 45도 이상으로 올라가는 곳도 있음)에서는 오후 2~3시간 사이 낮잠을 자는 습관이 있는데 이것이 시에스타(스페인어: La Siesta, 낮잠)이다. 시에스타는 낮 동안에 잠시 일터에서 돌아와 휴식을 취하는 스페인의 고유 관습이다. 유럽의 관념에서 스페인의 시에스타는 이미 오래전부터 인식되어 왔다. 많은 상점과 박물관조차 이 시간에는 문을 닫으며 거의 대부분의 사업장이 오후 중 두세 시간 정도 문을 닫으며, 지방 도시의 경우 시내버스는 30분에서 1시간 간격으로 운행되기도 한다. 하지만 오랜 관습이었던 스페인의 여유로운 시간도 세계의 변화에 따라 달라져가고 있다.

특히 직장인들 사이에서는 이전과 같이 점심 식사에 오랜 시간을 할

애하는 습관이 없어져 가고 있으며 시에스타의 풍습도 도시를 중심으로 점차 사라지고 있다.

● 산책(스페인어: Paseo)

전통적으로 스페인에서는 저녁에 한두 시간 정도 산책(스페인어: Paseo)하는 것이 흔하여 저녁 식사 전후에 산책을 한다. 스페인의 저녁 식사 시간은 유럽에서도 제일 늦다. 대개 동부 지방에서는 밤 9시, 서부 지방에서는 밤 10시에 저녁 식사를 한다. 따라서 밤 문화가 매우 발달하여 산책, 사교 댄스 등이 자정 이후까지 이루어지는 경우가 흔하며 댄스 클럽이 소도시에서도 아주 흔하다. 대개 이런 클럽은 자정에 문을 열고 새벽까지 영업을 한다. 여름의 마드리드에서는 새벽 1시나 2시쯤에 있는 음악 공연을 빼놓을 수 없을 정도다.

● 강한 지방색과 지역 문화와 언어에 대한 애착

스페인의 관공서에는 국기보다는 지역의 전통 문양이 새겨져 있는 지역기가 흔히 걸려 있으며 도로 안내 표지판 등에는 에스파냐보다는 지방의 방언이 먼저 표기되는 경우가 많다. 각 지역마다의 강한 지방색으로 아직도 분리 운동을 하고 있는 지역도 많으며 스페인의 언어에는 크게 스페인어(공식어, 공용어), 카탈루냐어(공용어), 바스크어(공용어), 갈리시아어(공용어), 아란어(오크어 방언이면서 공용어), 아라곤어(비공용) 등이 있다.

● 하루에 5끼 이상의 식사를 하는 문화

1. 데사유노: 조식. 일어나자마자 빵과 커피 혹은 우유 등을 먹는다.
2. 메리엔다 메디아 마냐나: 가벼운 아침 식사. 오전 11시 즈음 샌드위치 따위를 먹는다.

3. 알무에르소: 점심. 오후 2시 즈음 정찬으로 먹는다.
4. 메리엔다: 가벼운 저녁 식사. 대개는 오후 6시를 전후로 하여 간식을 먹는다.
5. 세나: 저녁 식사. 오후 9시나 그 이후 시간에 수프나 샐러드 등을 먹는다. 저녁(9시에서 10시 사이)

3) 최초와 최고의 기록을 많이 지닌 나라

● 세계 최초의 동굴 벽화인 알타미라

최초의 호모사피엔스들은 지금으로부터 약 35,000년 전에 소규모 집단을 이루어 스페인 북부 지방에 들어왔다. 그들은 마지막 남은 네안데르탈인들과 한동안 함께 살다가 후기 구석기 시대로 알려진 지금으로부터 30,000년 전~25,000년 전 사이에 뼈로 만든 창과 돌칼, 그리고 최초의 예술적인 인공물과 최초의 동굴 벽화(La Peña de Candamo)를 만들어내면서 중요한 문화를 발달시켰다. '제4기 예술의 시스틴 대성당'이라고 부르는 알타미라 동굴은 1879년에 사냥꾼에게 발견되었다. 동굴 안에는 구석기 시대의 그림이 그려져 있었는데, 보존 상태가 너무 훌륭해서 수십 년 동안 가짜로 의심받을 정도였다. 그러나 연구 끝에 이 그림들이 거의 1만 5,000년 전에 그려진 것임이 밝혀졌다. 후기 홍적세 동안 스페인 북부 지방에 살던 마그달레니안기 석기 시대 사람들의 작품인 이 동굴 벽화는 당시에 살던 동물을 그리고 있다. 주로 들소가 그려져 있었으며, 그 외에도 말, 사슴과 멧돼지도 등장한다. 붉은색, 노란색과 갈색의 색채는 검은색 망간이 함유된 흙과 목탄으로 더욱 강조되어 보인다.

[네이버 지식백과] 알타미라 동굴과 스페인 북부의 구석기시대 동굴 예술 [Cave of Altamira and Paleolithic Cave Art of Northern Spain] (유네스코 세계유산, 유네스코한국위원회(번역 감수))

- **세계 최초의 스톡 옵션을 발상을 가졌던 나라**

콜롬부스는 스페인의 이사벨라 여왕의 전격적인 지원으로 항해를 시작하게 되었으며 스페인 사람과 함께 아메리카로 떠났다 . 콜롬부스와 이사벨라 여왕은 콜롬부스 일행이 미국 대륙을 향해 출발하기 전에 알함브라궁에서 만나 신대륙 개척 이후의 이권 분배에 대한 논의하게 되는데 신대륙 개척으로 인해 발생하는 이윤의 비율을 정하였다.

- **중남미의 어머니 나라**

중남미의 21개국(아르헨티나, 칠레 등)에서 스페인어를 사용하고 있으며 1588년 스페인의 세계 무적 함대가 패할 때까지 세계 68개국을 지배한 나라가 바로 스페인이다.

4) 예술의 나라

- **예술가들의 나라**

파블로 피카소(Pablo Piccaso), 호안 미로(Joan Miro), 살바도르 달리(Salvador Dalí)와 건축가인 안토니오 가우디(Antonio Gaudi) 등이 스페인 사람이다.

스페인의 마드리드(Madrid)에는 엘 프라도(El Prado), 레이나 소피아(Reina Sofia), 티센(Thyssen) 박물관이 있고 빌바오(Bilbao)에도 주요 박물관이 있다.

- **스페인은 유사 이래의 최고의 베스트셀러를 가진 나라**

세르반테스의 돈키호테는 성경 다음으로 번역이 많이 된 책이라고 한다.

참고자료

스페인의 국민 작가 세르반테스의 풍자 소설이다. 정식 표제는 《재기(才氣) 발랄한 향사(鄕士) 돈키호테 데 라 만차 El Ingenioso Hidalgo Don Quixote de la Mancha》이다. 전편은 1605년, 후편은 1615년에 출판했다. 세르반테스는 이 작품을 쓴 목적을 "당시의 항간에 풍미했던 기사도 이야기의 권위와 인기를 타도하기 위해서"라고 했듯이 그 당시 스페인에 크게 유행했던 기사도 이야기의 패러디를 쓰려고 했었다. 그러나 감흥이 솟는 대로 일정한 계획도 없이 써 나가는 동안, 처음 의도한 바를 잊고 돈키호테와 인산초의 성격을 창조한다는 새로운 주제에 열중하여 드디어 인생 전체를 포괄하는 대작이 되었다.

● 세계적 건축가 가우디의 나라

스페인의 대표적 관광 명소이자 세계적 건축물인 파밀리아 성당은 130년 동안 공사를 하였다. 사그라다 파밀리아 성당은 가우디 건축의 정점에 있는 건축물이다. 가우디는 1926년 전차에 치여 갑작스럽게 세상을 뜨기 직전까지 마지막 12년간을 오로지 사그라다 파밀리아 성당에만 매달렸다.

● 아름다운 오페라의 나라

특히 세빌리아라는 도시는 유명한 오페라의 무대가 되었다. 피가로의 결혼, 세빌리아의 이발사, 돈주앙, 카르멘 등

● 집시과 플라맹코의 나라

현대 문명과 구속과 얽매임을 거부하고 지구 전체가 자신들의 집으로 인식하며 떠돌아다니는 45만 명의 집시가 전국에 산재한다.

참고자료

가우디는 스페인 카탈루냐의 레우스 출생의 건축가이다. 구리세공장의 집안에서 태어나 17세 때부터 건축을 공부하였다. 바르셀로나의 건축 학교를 졸업하였으며, 학창 시절에 비라르와 폰트스레 등의 조수로서 설계 활동에 종사하였다. 1878년 학교 졸업 후부터는 독자적으로 일을 시작, 바르셀로나를 중심으로 많은 독창적인 건축을 남겼다.

코로니아 구엘 교회의 제실(祭室: 1898~1914), 구엘 공원(1900~1914) 등이 있으며, 이들은 모두 그의 중요한 후원자였던 구엘백작을 위한 것이었다. 주택 건축으로 독특한 형태와 내부 공간을 지닌 카사 바트로(1907년 완성)와 카사 밀라(1907년 완성), 그리고 1884년에 착수하여 결국 필생의 대작이 된 사그라다 파밀리아 교회의 익랑(翼廊)의 정면(正面, 1908년 완성) 및 탑·조각(1903~1926) 등은 가우디 건축의 가장 극적인 부분을 형성하고 있다. 그의 건축은 아르 누보의 유행을 초월하여 근대에 살았던 인간의 근원적인 불안을 건축으로 표출한 것이라고 할 수 있다.

5) 유럽의 부엌: 음식의 나라 [네이버 지식백과] 스페인 (글로벌시대의 음식과 문화, 2006. 7. 30., 학문사 내용을 중심으로 재구성하였음)

(1) 풍부하고 질 좋은 식자재와 음식으로 인한 다양한 식문화

과일, 야채, 육류, 해산물 등 식재료가 풍부한 스페인은 '유럽의 부엌'이라는 별명도 가지고 있다. 해안 지역에선 해산물을 활용한 요리, 내륙 평야 지방에는 육류와 채소로 만든 요리가 발달했다.

삼면이 바다로 둘러싸여 있는 반도에 위치한 스페인은 어패류가 많이 생산돼 주요 식재료로 사용되고 있다. 생선과 함께 주로 사용되는 육류는 쇠고기, 돼지고기, 닭고기 등으로 야채와 함께 올리브 기름으로 요리한 것이 많다. 또한 유럽 중 쌀을 가장 많이 소비하는 국가로 매콤한 요리를 해먹는 것이 우리의 입맛과 유사하다.

신대륙 발견 이후 스페인의 요리도 큰 변화를 겪었다. 신대륙과의 교류가 활발해지면서 후 중남미에서 여러 가지 작물이 들어와 식재료에 변화를 주었는데 그 중 대표적인 것이 감자, 토마토, 옥수수 등이다. 토마토는 스페인의 가장 대표적 요리인 가스파쵸의 주재료이며 감자는 2번째와 5번째 식사에서 즐기는 토티야의 주요 식재료로 쓰인다. 도시에는 메르카도라고 불리는 시장이 있어 일요일을 제외하고 매일 새벽부터 낮까지 열린다. 이곳은 어패류, 육류, 야채 및 과일이 풍부하고 비교적 신선하다.

스페인 사람들은 일반 가축 외에도 서구인들이 꺼려하는 메추리, 비둘기, 문어와 오징어, 새끼 돼지 등 못 먹는 것이 없어 시장을 둘러보다 보면 고기와 햄 종류는 매우 다양해 닭고기, 내장, 소시지 전문점 등도 볼 수 있다. 털을 뽑은 새나 토끼를 매달아 놓은 곳도 있고 돼지의 코와 귀, 양의 뇌 등이 전시된 곳도 있어 익숙하지 않은 사람은 혐

오감을 느낄 수도 있다. 이처럼 스페인 요리는 다양성이 풍부한 것으로 정평이 나 있다.

먹는 것을 무엇보다 중요하게 생각하는 나라인 스페인은 한 가지 일에 10년, 20년, 30년을 매달려 소박하면서도 맛있는 요리를 만들어내는 장인들이 있다. 파 요리를 하나 먹기 위해 소스를 개발하고 검은색 와인을 만든 깔소트 장인부터 간단해 보이지만 스페인식 오믈렛 또르띠야를 전 인생을 투자해 만드는 할아버지까지 화려하지는 않지만 열정을 다해 음식을 만들어내는 스페인 요리의 장인들은 과히 존경할 만하다.

또 다른 스페인의 음식과 관련된 문화의 특징에 대해서 말하자면 다양성을 들 수 있다. 다양한 맛과 종류의 스페인 요리는 수백 년에 걸쳐 문화와 각 지역별로 다른 특성 등 역사로부터 많은 영향을 받았다. 스페인은 신대륙에 닭, 돼지, 소, 쌀, 양파, 호밀, 당근 등을 전해주었는데 이런 교류가 식습관에도 많은 영향을 끼치게 된다. 이러한 역사적 배경은 스페인 요리의 특성 중 다양성을 이끌어내었다.

그리고 최근 들어 올리브유가 콜레스테롤을 분해시켜 심장 순환계에도 좋다는 등 그 영양가와 가치가 새롭게 인식되어 세계적으로 소비붐이 일고 있다. 스페인은 각기 다른 산성도, 향, 컬러, 맛으로 60여 종의 올리브유를 생산하고 있다. 특별한 잔치가 아니더라도 풍성한 식탁을 차리는 것이 스페인 사람들 대부분의 식습관이며 타 지방간 관습과 문화가 크게 다르다.

(2) 1일 5식의 식사 문화

스페인은 기후 조건에 따라 하루의 생활패턴도 특이한 개성을 갖게 됐다. 일반 가정에서의 아침 식사 시간은 7시 30분~9시 사이로 한국과 그다지 차이가 없지만 점심 식사 시간은 오후 2~4시로 매우 늦은 편이다. 또 저녁식사 시간은 오후 9~11시 사이로 보통 한국인이라면 잘 시간에 식사를 하는 것이 특이하다.

이는 시에스타(Siesta)란 낮잠시간 때문인데 점심 식사를 하고 난 후 시에스타를 즐기고 다시 오후의 일과에 들어가면 일을 마칠 시간이 8시가 되기 때문이다. 이 시에스타는 스페인뿐 아니라 그리스 등지의 지중해의 더운 나라에서는 오래된 풍습으로 오후의 더운 날씨에 잠시 휴식을 취하는데서 생겨났다.

상점 등도 오후 1시 또는 2시부터 약 3시간 동안은 폐점하고 4시경부터 8시경까지 영업을 재개한다. 아침 식사와 점심 식사, 점심 식사와 저녁 식사 사이의 시간이 길기 때문에 식사와 식사 사이에 간단한 간식을 하는 사람들도 많다. 이렇게 해서 스페인에서는 하루 5식의 관습이 생겨났다. 이 습관은 신대륙 발견 시대의 스페인 귀족층의 생활상을 그대로 이어받기도 했다.

스페인 귀족들은 신대륙에서 들여온 많은 보물과 황금 등으로 풍족한 생활을 누렸으며, 저녁 늦게 시작된 연회에서 밤새도록 놀다가 새벽녘에 잠자리에 들고 아침을 가볍게 먹었다. 점심때는 가족과 풍성한 식사를 즐기고 나서 밤새 놀아 부족한 잠을 보충하는 시간이 바로 시에스타가 되었고 이후 다시 저녁식사로부터 파티가 시작되는 것이다. 남부 유럽은 건조하고 더운 기후로 인해 열량 소비량이 높아 신진대사가 빨라지고 그에 따라 식사량이 많아지는 게 당연하지만, 특히 스페인 사람들은 하루에 다섯 끼를 먹을 정도로 먹고 노는 파티 문화를 좋아한다.

스페인에서는 아침을 데사유노라고 하는데, 이는 금식이 끝났다는 말이다. 첫 식사는 아침 7시경에 빵과 커피, 우유 등의 가벼운 식사로 시작된다. 이와 같은 컨티넨탈식 메뉴에 츄로스(막대 형태의 빵을 튀겨, 설탕을 묻힌 과자), 또는 비스킷을 곁들인다. 오전 11시경에는 아무르에르소라고 하는 가벼운 식사를 바르(Bar)에서 즐긴다. 프랑스빵에 토르티야(오믈렛)와 과자, 빵을 먹는다.

세 번째 식사가 하루 중 가장 비중 있는 만찬을 즐기는 점심 식사로, 보통 오후 2시에 시작해 두 시간 정도 충분히 시간을 갖고 즐긴다. 전채에서 수프, 샐러드, 생선요리, 메인디쉬, 그리고 디저트까지 코스 요리를 즐기며 역시 유럽의 여러 나라들처럼 와인을 곁들인다. 이처럼 점심 식사는 매우 중요해 집에서 먹고 오는 경우가 많은데 이 때문에 점심 식사 후 다시 한 번 도로는 러시아워를 이룬다.

저녁 식사는 오후 9시경 시작되는데 점심 식사와의 간격이 길어 중간에 배고플 때 먹는 식사가 바로 네 번째 식사이며, 보통 저녁 6시경에 홍차 등에 빵과 크래커를 즐긴다. 이런 식사 시간에 맞춰 스페인의 모든 업무가 돌아가는데 관공서나 은행 등은 점심 식사 전인 오후 2~3시에 하루 업무를 끝내며 일반 회사나 작은 가게 레스토랑들은 보통 2시 정도까지 일을 하다 중간에 4시간 정도 쉬는 시간을 갖고 다시 5~6시경 오후업무가 시작돼 8시 정도까지 일을 하다 퇴근한다.

따라서 저녁 식사는 그 이후에 시작되기 때문에 중간에 스윙 타임을 갖는 스페인의 레스토랑들은 프랑스나 영국 등 주변 국가가 6시쯤 문을 여는 것과 달리 8시 30분에야 저녁 장사를 하는 곳이 대부분이다. 그러나 보통 저녁 식사를 푸짐하게 즐기는 데 반해 스페인 사람들은 늦게 먹는 저녁 식사를 점심보다 적게 먹는다. 수프와 토티야 등이 많고 생선이나 해물 요리 등으로 비교적 가볍게 한다.

레스토랑은 각 업소의 창문이나 간판에 포크가 표시되어 있는데, 이는 관광 당국이 정한 것으로 포크수가 등급을 나타낸다. 5개의 포크가 최고급이며 수가 작아질수록 등급은 낮아지지만 이는 요리의 질이 아니라 요리 가짓수나 설비 정도에 따라 결정된다.

6) 스페인의 대표적인 음식

(1) 하몽

정통을 중요시하는 나라 스페인. 그런 스페인의 정통 요리 중에서 꼭 맛보아야 할 것이 있다. 고기와 야채를 푹 삶아 먹는 코시드마들린레뇨와 구수하고 담백해 먹기만 해도 힘이 불끈 난다는 소 내장탕 까이요스마들린레뇨가 그것이다. 그리고 스페인식 돼지고기 햄 하몽을 빼놓지 말아야 한다. 하몽은 소금에 절여 건조했기 때문에 시간이 지나도 맛이 변하지 않고, 천장에 걸어두고 먹을 수 있다는 특징이 있다.

(2) 타파스

스페인 사람들은 아침, 점심, 저녁에 간식 두 번까지 다섯 끼를 먹는데 점심과 저녁 후에 먹는 대표적인 음식이 바로 타파스이다. 원래 유리잔에 음료수나 술을 채운 후 파리로부터 음료수를 보호하기 위해 빵 한 조각을 올려놓던 것이 그 기원인데 현재는 작은 접시에 소시지, 샐러드, 절인 생선, 치즈 등 셀 수 없이 다양한 재료와 종류들로 만든 작고 간단한 요리들을 말한다.

(3) 빠에야

스페인은 우리나라처럼 삼면이 바다로 둘러 싸여 있어 싱싱하고 감칠맛 나는 해산물 요리를 맛볼 수 있는데 그 중에서도 꼭 맛보아야 할 것이 있다. 세계에서 가장 비싼 향신료 샤프란을 넣어 보기만 해도 한 입 먹고 싶어지는 노란 색깔의 해산물 볶음밥 빠에야와 바삭바삭한 오징어 바게트가 그것이다.

(4) 가스파쵸

가스파쵸(gaspacho)는 차가운 토마토 수프, 토마토 퓌레와 피망, 양파, 오이 등을 갈아 넣어서 만든 수프로 안달루시아 지방에 발달해 있다. 시원하고 조리하지 않은 생야채라서 몸에 금방 흡수되어 원기를 회복시키는 점으로 인기를 얻고 있다. 스페인 음식 중 외국인에게 가장 잘 알려진 음식 중 하나로 1960~70년 스페인 관광의 붐을 타고 꼬스따 델 솔에서 외국 관광객들에게 가장 인기 있는 음식으로 알려지기 시작했다.

근래에는 스페인 여름 음식을 대표하는 차가운 수프로서 그 명성을 이어가고 있다. 가스파쵸라는 단어의 어원에는 뒤범벅, 혼돈, 혼합, 섞음이라는 뜻이 있다. 확실하게 정리되지 않은 기본적인 조리 방법에서 시작하여 지역, 시대, 경제, 그리고 특히 개인 각각의 취향에 따라 조리 방법이 달라지기도 한다.

(5) 알푸하레나 요리

남부 안달루시아 산악 지대의 알푸하레나 요리는 그 지역에서 풍부한 송아지, 토끼, 메추라기 등으로 만드는 특별한 요리이다. 이슬람교 문화권의 영향으로 이슬람교 요리 중에는 양고기 미트볼과 석류씨로 만든 양고기 요리가 있다. 후식은 그라나다 수녀들이 만든 설탕에 절인 요리들이 있는데, Encarnaclon수녀들이 만든 메추라기 파이, 달콤한 호박, 야생 검은 딸기와 사과, 호두 수프, 꿀 바른 프렌치 토스트, SantaFe의 시럽에 살짝 담궜다 뺀 크림으로 가득찬 piononos가 있다.

(6) 해안 지역의 요리

해안 지역 요리는 내륙 지방과 다른 면을 보이고 있다. 말라가(Malaga)지역에서는 섞어서 볶은 물고기(pescaito frito), 간을 맞춘 물고기, 숭어, 오징어, 정어 등을 불에 구워 요리한다.

스페인 음식 문화 형성 배경과 대표 요리들

스페인의 음식 문화의 형성 배경에는 스페인의 역사와 지리적인 요소가 많은 영향을 미쳤다고 할 수 있다. 유럽 남동쪽에 위치한 스페인은 유럽에서 세 번째로 큰 나라이며 지중해와 대서양이란 두 바다에 접해있으면서도, 북쪽에는 산악 지대가 형성되어 있고, 남쪽에는 넓은 평야가 펼쳐져 있다. 기후적으로는 유럽의 다른 나라에 비해 건조한 편이다. 스페인의 지리적 위치와 풍부한 광물 자원은 모든 사람들에게 흥미로운 것이어서 외부 침략의 원인을 제공했다. 빈번한 외부 침략으로 인하여 스페인으로 하여금 다양한 음식 문화를 형성하게 해준 계기가 되었다.

스페인의 역사는 페니키아인과 그리스인, 카르타고인들이 해안에 건설한 무역 도시들로부터 시작된다. 후에 로마인들과 아랍인들이 스페인을 지배하면서 이들이 가져온 음식 문화는 원래 스페인의 요리법과 혼합되어 좀처럼 없어지지 않고 오늘날 그 모습을 유지하고 있다.

스페인 사람들은 먹고 마시는 걸 좋아해서 음식 종류도 다양하고 양념 종류도 많아 우리 입맛에 맞는 음식을 쉽게 찾을 수 있다.

탱고와 플라멩코 그리고 투우의 나라, 스페인. 유럽 대륙에서 세 번째로 큰 나라 스페인은 사실, 일반적인 유럽의 나라들과는 사뭇 분위기와 느낌이 다르다. 조용하고 느긋한 다른 유럽인들과 달리 정열적이고 급한 성격의 사람들, 그리고 장식적이고 아기자기한 유럽의 나라들과 달리 맵고 자극적인 푸짐한 음식 등 스페인은 유럽이라기보다는 오히려 여러모로 남미와 더 닮아 있다.

또한 스페인은 유럽 나라들 가운데서도 쌀을 가장 많이 먹는 나라다. 그런 면에서는 우리와도 참 많이 닮아있다. 뿐만 아니라 음식에 마늘과 고추를 듬뿍 넣어 맵고 자극적인 것이 우리 입맛에도 딱 들어맞는다.

맵고 자극적인 맛 외에 스페인 요리의 가장 큰 특징이라면 여러 가지 재료를 한꺼번에 이용한다는 점이다. 마치 우리의 볶음요리나 섞어찌개처럼 육류와 생선, 조개 등을 한꺼번에 넣어 요리를 하는데, 갖은 재료가 어울려 내는 맛이 독특하면서도 최고의 맛을 자랑한다. 거기에 세계적으로 유명한 스페인 올리브유를 넣음으로써 고소하면서도 담백하고 깔끔한 요리가 완성되는 것이다. 맵고 자극적인 맛 외에 스페인 요리의 가장 큰 특징이라면 여러 가지 재료를 한꺼번에 이용한다는 점이다.

매사에 정열적인 스페인 사람들.

먹는 것이라고 예외는 아니다. 먹는 것을 인생의 가장 큰 즐거움 가운데 하나로 생각하는 스페인 사람들이 하루에 먹는 식사는 무려 다섯 끼. 아침 여덟 시쯤 빵과 우유, 커피로 가벼운 식사로 하루를 시작한다. 두 번째 식사는 오전 11시쯤, 차와 함께 가벼운 식사를 즐기는데, 이것은 점심이라기보다는 가벼운 간식 정도. 진짜 점심은 오후 2시경에 먹는다. 스페인 사람들은 하루 다섯 끼의 식사 가운데 점심을 가장 중요하게 생각하는데, 에피타이저를 시작으로 메인, 디저트에 이르는 풀코스의 정식을 2~3시간에 걸쳐 먹는다.

이렇게 거하게 점심을 먹고 남은 오후 시간을 보내면 6시쯤 가벼운 간식을 먹고 밤 열 한 시쯤에 5번째 식사로 간단한 저녁을 먹는다.

그야말로 스페인 사람들은 먹는 것으로 하루를 시작해 먹는 것으로 하루를 마친다. 이렇게 먹는 것을 즐기는 사람들인 만큼 스페인은 무척 다양한 요리가 발달했다.

또한 유럽 다른 나라에 비해 싸게 간단한 한 끼를 해결할 수 있는 곳이 많아서 싼 식당을 찾아 이리저리 헤맬 필요도 없다. bar(바르)나 cafeteria(까페떼리아), bodegon(보데곤), taberna(따베르나)등 다 수준이 비슷한 곳으로 팁 없이(줘도 되고 안줘도 되는) 군것질이나 간단한 식사가 가능하다.

기온이 높고 건조한 지중해성 기후를 가진 스페인은 전통적인 농업 국가로 소맥이나 감귤, 포도, 올리브를 많이 생산하고 있다. 또한 지중해와 대서양이라는 천혜의 어장을 가지고 있어 싱싱한 해산물이 일년 내내 끊이지 않고 잡힌다. 그런 만큼 스페인이 자랑하는 음식은 대부분 이들 신선한 어패류를 재료로 한 요리로, 조개 구이나 오징어 요리, 뱀장어 요리, 바닷가재 요리가 유명하다. 해산물을 이용한 요리 가운데 가장 대표적인 음식으로는 '사르수엘라'를 들 수 있다. 사르수엘라는 토마토에 마늘과 양파를 넣어 만든 소스에 새우와 조개, 대합 등 여러 가지 어패류를 넣고 조린 음식이다.

서양 요리와 찰떡궁합, 유럽 사람들의 식탁에서 절대 빠질 수 없는 것이 있다면 와인이 아닐까 싶다. 와인이라면 언뜻 프랑스만을 생각하기 쉽다. 하지만 스페인 역시 와인 생산량이나 즐겨 먹는 것으로나 둘째가라면 서러워할 나라이다. 스페인은 프랑스, 이탈리아와 함께 세계 3대 와인 생산국으로 손꼽히고 있다. 나라 전체 여러 지역에서 다양한 종류의 와인을 생산하고 있을 뿐만 아니라 지중해의 뜨거운 햇살을 받고 자란 포도로 만든 스페인 와인은 맛이 달고 진한 것으로 유명하다.

1) Paella(빠에야)

가장 대표적인 음식이라면 역시 '빠에야'. 빠에야는 스페인에서 가장 일반적이면서도 많은 사람들이 즐겨먹는 요리로 고기와 해산물이 들어간 스페인식 철판 볶음밥이다.

먼저, 팬에 올리브 기름을 두르고 양파와 마늘을 듬뿍 넣어 향을 낸 다음 미리 볶아놓은 피망과 콩 등의 야채와 돼지고기, 닭고기를 넣어 함께 볶는다. 볶아놓은 재료 위에 쌀을 얹고 그 위에 다시 오징어와 토마토를 납작하게 썰어 올린 다음 육수를 부어 약한 불로 밥을 짓는다. 이때의 육수는 향신료 샤프란과 생선 국물로 맛을 낸 것으로, 밥이 다 되기 전에 새우나 홍합, 모시조개 등으로 모양을 내기도 한다.

빠에야는 넓은 팬을 불 위에 직접 올려 밥을 짓기 때문에 아랫부분이 누룽지처럼 눌러 붙는데, 이것을 '소까라다'라고 한다. 우리가 누룽지 좋아하듯 스페인 사람들은 소까라다를 좋아한다.

"menos sal"(메노스 살: 소금은 조금만), "arroz bien cocido"(아로스 비엔 꼬시도: 쌀은 확실히 익혀주세요) 마지막에 "Por favor"(뽀르 파보르: 영어의 please)를 붙이도록 한다.

2) cochinillo asado(꼬치니요 아사도)

태어난 지 2~3주된 새끼 돼지를 모양 그대로 구워내는 요리로 세고비아의 명물이다. 마드리드의 웬만한 식당에서도 맛볼 수 있다.

3) gaspacho(가스빠쵸)

빠에야와 함께 가장 많이 알려진 또 하나의 스페인 요리는 바로 '가스파쵸'이다. 가스파쵸는 토마토와 양파, 피망, 오이 같은 야채를 갈아 만든 스프의 일종으로 차갑게 해서 먹는 음식이다. 시원하면서도 조리하지 않은 생야채를 이용하기 때문에 영양 면에서도 아주 훌륭한 음식이다. 무더위를 식혀주는 안달루시아 지방(스페인 남부로 대표적인 도시는 쎄비야, 꼬르도바, 그라나다)의 냉국. 토마토, 마늘, 껍질을 벗긴 흰빵, 통후추, 파프리카, 오이 등의 재료를 갈아 넣고 올리브유, 식초, 소금을 넣어 만들어 냉장고에 차게 두었다가 먹는 냉국으로 스페인 어디서나 맛볼 수 있다.

4) sangria(상그리아)

안달루시아 지방의 대표적인 칵테일로 스페인 전국에서 맛볼 수 있다. 야외 카페에서 핏빛 술을 마시고 있으면 전부 상그리아라고 생각하면 된다. 주둥이가 넓은 피처에 레드와인을 담아 설탕, 탄산수를 섞은 뒤 레몬, 오렌지, 사과, 바나나 등을 큼직하게 조각내어 얼음덩이와 함께 섞는다. 기호에 따라 브랜디를 첨가하기도 한다. 스페인어로 "sangre(상그레)"는 "피"란 뜻이다.

5) tapas(따빠스)

간식이나 군것질, 술안주로 보면 된다. bar(바르)나 까페떼리아의 진열장에 수십 가지가 전시되어 있다. 문어, 오징어 튀김, 정어리 초절임, 초리소(소시지)나 오믈렛, 피망, 토마토 같은 채소류에서 empanada(엠빠나다: 치즈, 육류, 야채 등 다양한 재료를 넣어 빚은 군만두), almejas(알메하스: 모시조개를 화이트 와인과 올리브 오일로 조리한 것), boquerones(보께로네스: 멸치나 빙어에 밀가루를 입혀 튀긴 것) tortilla(또르띠야: 계란, 감자, 양파를 함께 넣어 만든 오믈렛) 등 종류도 다양하다.

queso(께소: 치즈), chorizo(소시지), 고기 등을 끼워 판다.

7) 하몽

스페인의 독특한 햄 '하몽' 역시 세계인의 사랑을 받는 음식이다. 하몽은 돼지 뒷다리를 소금에 절여 약 1년 정도 말린 햄으로 훈제를 하는 보통 햄과 달리 그냥 공기 중에 매달아 말린다. 스페인에 가면 이 하몽만을 전문적으로 파는 가게들이 많은데, 커다란 돼지 뒷다리를 통째로 매달아 놓고 파는 모습이 이색적이다. 하몽은 그냥 먹기도 하지만 빵과 함께 먹으면 영양만점, 맛있는 한 끼 식사가 되는데, 스페인 식탁에서 하몽이 빠지는 것은 상상할 수 없는 일이다.

8) 초리소

하몽과 함께 '초리소' 역시 사랑 받는 음식이다. 초리소는 돼지 내장에 소금과 다진 붉은 피망을 넣어 만든 소시지로, 우리 순대와 모양이 비슷하다.

9) '마데이라'와 '쇠리'

마데이라는 달콤한 맛이 강한 붉은 포도주로 스페인의 국민주라고 할 만큼 많은 사랑을 받고 있다. 쉐리주는 백포도주에 브랜디를 섞어 몇 년간 숙성시킨 술로 스페인의 '헤레스' 지방에서 많이 생산된다. 특히 이 쉐리주는 매년 전 세계 120여 개 나라로 수출되기 때문에 세계적으로도 가장 많이 알려진 스페인산 포도주다.

Memo

8
제8장

재미난 문화 에피소드

1 매너와 에티켓

(1) 제스처나 몸짓에 관한 에티켓

→ 사진 찍을 때 우리가 흔히 취하는 포즈

: 손가락으로 'V'를 그리는 경우 경멸이나 외설적인 의미로 보여질 수 있다.

→ 동양에서는 여성들이 수줍음의 표현으로 손으로 입을 자주 가리는 습관

: 미국이나 유럽 국가에서는 손으로 입을 가리며 웃거나 대화하는 것 자체가 상대방을 무시하거나, 진실 되지 못한 상태로 해석되기에 절대 피해야 할 행동이다.

→ 우리는 잘 모르겠다는 의미로 머리를 긁적이는 제스처

: 서양 사람들의 입장에서는 그저 머리가 간지럽거나 머리를 감지 않은 듯한 인상을 줄 수 있다.

→ 'OK'나 'GOOD'의 의미로 사용되는 엄지와 검지 손가락을 동그랗게 'O' 모양으로 만드는 제스처

: 브라질 등 일부 국가에서는 외설적인 의미로 받아들여질 수 있기에 절대로 피해야 한다.

(2) 음주 매너

→ 서구의 많은 나라에서는 전문 주류 판매점에서만 술을 구입할 수 있는 데 이때 18세 이상임을 증명하는 신분증을 제시해야 할 경우가 있다.

주류 판매권을 소지하지 못한 레스토랑의 경우는 손님이 마실 술을 손수 들고 갈 수 있는 BYO(BringYourOwn) 제도를 시행 중이다. BYO 레스토랑은 입구에 BYO를 표시해 두어 식별이 가능하다. 직접 들고 간 술은 레스토랑의 컵과 병따개, 와인 쿨러를 빌려 마실 수 있으며 곳에 따라서는 반입료를 지불해야 하는 경우도 있다.

→ 일본인들의 첨잔 문화.

일본에서는 상대방의 술잔이 비어 있으면 큰 결례이며 상대방의 술잔을 비워 두는 사람은 무심하다고 여긴다. 상대방의 술잔에 술이 얼마나 남아 있든 상관없이 항상 찰랑찰랑할 정도로 다시 술을 채워 주는 것, 바로 일본의 첨잔 문화다.

→ 우리나라를 제외한 대부분의 국가에서는 잔을 돌리는 문화가 없으며 이를 매우 불결하게 생각한다.

(3) 식사 문화와 예절

① 일본의 식탁 문화

일본에서는 왼손으로 밥그릇을 들고 오른손의 젓가락을 사용하여 먹게 된다. 그들은 음식이 입으로 향해야 옳은 것이며, 입이 음식으로 향하는 것은 짐승만이 하는 짓이라 여겨왔다.

카레라이스 등과 같이 수분이 많은 음식을 먹을 때도 젓가락으로 먹는다.

심지어 국을 먹을 때도 숟가락을 사용하지 않기 때문에 국그릇을 손에 들고 젓가락을 이용해 건더기를 먹은 후 국물은 후루룩 마시면 된다.

② 중국의 식탁 문화

중국은 회전식 원형 탁자에 둘러앉아 식사를 하게 된다. 원형 탁자의 회전식 선반은 시계 방향으로 돌리는데 식사하는 사람의 수를 고려하여 공용 젓가락으로 자신이 먹을 만큼만 적당량 접시에 옮겨 담으면 된다. 식사가 끝날 때까지 중국인들은 그야말로 호탕하고 시끄럽게 대화를 나눈다. 식사는 그릇을 깨끗하게 비우기보다는 지저분하게 음식을 먹고 조금 남기는 것이 대접하는 주인에 대한 예의이며 맛있게 먹었다는 의미가 된다.

중국인들은 음식을 초대한 사람 수보다 훨씬 많은 음식을 준비하여 남기는 것이 대접을 극진히 했다고 여긴다.

③ 유럽 국가의 초대 문화

유럽 국가에서 식사 초대를 받았다면 깔끔한 복장을 하고 꽃이나 화분 등 작은 선물을 준비하는 것이 예의이다. 또한 약속 시간을 어기는 것은 큰 실례이다. 테이블 좌석의 배치에도 룰이 있어 주인이 지정하는 좌석에 앉는 것이 좋다.

집주인의 오른쪽 좌석이 최상석으로 주빈의 자리가 되며 안주인은 집주인의 반대편에 앉는다. 남녀가 섞여 앉는 것이 원칙이며 부부가 서로 마주 보거나 나란히 앉아서는 안된다. 또한 안주인이 착석하여 수저를 든 후에 식사를 시작하는 것이 예의이다. 프랑스에서는 집에 손님을 초대했을 때 식사 후 적어도 세 종류 이상의 치즈를 대접하는 것이 예의인데, 이때 치즈를 너무 많이 먹으면 식사가 부실했다는 의미니 한두 조각 정도만 먹는 것이 바람직하다.

(4) 관광지나 종교적 장소에서의 매너

→ 불교 국가, 특히 태국을 비롯한 동남아 사원에서 불상을 향해 손가락질을 하거나 왕실에 대해 경솔한 언행을 한다면 큰 실례일 뿐 아니라 경우에 따라서는 처벌을 받기도 한다.
태국이나 라오스 등의 불교 국가에서 불상은 깨어진 것이라 하더라도 신성시 여기기에 더욱 조심해야 한다.

→ 사원에서 만난 주황색 승복을 입은 승려를 향해 손가락질을 한다거나 함께 사진을 찍자며 카메라를 들이대는 것은 절대 삼가야 한다. 특히 여성의 경우에는 승려와의 악수는 물론, 물건을 건넬 때도 옆에 있는 남자를 거쳐서만 건넬 수 있다. 무릎 위 길이의 치마나 반바지, 발가락이 보이는 샌들을 신고 사원을 찾는 것도 실례이기에 복장에 주의할 필요가 있다.
현지에서 어린 아이들을 만났을 때 귀엽다는 의미로 머리를 쓰다듬어 주는 것은 절대로 해서는 안된다. 머리는 신체 중 가장 높은 곳이라 하여 머리를 만지면 영혼이 달아난다고 믿기 때문이다. 발은 신체 중 가장 천한 부분이라 여겨 발로 차거나, 상대방에게 발바닥을 보이는 것을 심한 모욕으로 받아들이니 조심해야 한다.

→ 인도네시아에서는 사람의 등을 치는 것이 큰 실례이다. 필리핀의 경우에는 인구의 4%가 이슬람 교도로 주로 남부에 거주하고 있다. 종교와 관련하여 민족 간의 대립이 심하기 때문에 이곳을 여행할 때는 가톨릭이나 개신교 등 타 종교에 대해 언급하는 일은 삼가야 한다.

→ 미국이나 유럽 국가에서 볼 수 있는 특이한 문화가 '코풀기'와 '재채기'이다. 우리나라에서는 식사 중이나 공공장소에서 큰 소리로

코를 팽, 풀어 대는 것이 실례지만 그들 입장에서는 코를 풀지 않고 훌쩍거리는 것이 실례이다.
반면 재채기는 주의해야 한다. 사람들 앞이나 공식상에서는 최대한 참아야하고 부득이하게 나올 경우 팔뚝으로 가려야한다.

(5) 작은 매너와 문화의 차이

→ 화장 수정이나 메이크업은 화장실이나 남들이 안보는 곳에서 해야 한다.
한국 여성들은 식사를 마친 후 테이블에 그대로 앉은 채 메이크업을 수정하거나 길거리, 레스토랑, 카페, 간혹 자신의 자동차 안에서 운전하면서도 거울을 꺼내들고 메이크업을 수정하거나 머리 모양새를 고치기도 하는 데 그것은 매우 예의에 어긋나는 행동이다. 특히 미국, 호주, 캐나다, 유럽 등의 국가에서 더욱더 조심할 필요가 있다.

→ 같은 여성끼리 팔짱을 끼고 다니는 것은 동성애로 오해받을 소지가 있다.

→ 명함 교환 시 명함은 와이셔츠의 가슴 포켓이나 양복 상의 가슴 포켓에서 명함 케이스에서 꺼내 건네는 것이 매너다. 바지 주머니나 호주머니에서 꺼내는 건네는 것은 매우 성의 없어 보이기도 하며 예의에 어긋나는 일이니 삼가야 한다.

→ 흡연 시 재는 반드시 재떨이를 이용하고 컵이나 병 등에 털지 않도록 한다.

→ 도로를 걸을 때는 여성을 항상 남성의 오른편에 서도록 해야 하고 문을 열고 닫을 때, 차량 탑승, 엘리베이터 사용 시에도 여성

을 우선적으로 배려해야 한다.

→ 여성과 함께 장애인 우선 배려도 매우 중요하다.

→ 레스토랑에서는 예약의 유무와는 상관없이 직원의 안내에 따라 자리에 착석해야 한다.

재미있는 문화 이야기

문화권마다 다른 팁 문화

1. 팁이란

18세기 영국의 어느 펍(Pub)에 '신속하고 훌륭한 서비스를 위해 지불을 충분하게'라는 문구가 붙어 있었다고 한다. 후에 이 문구는 '**To Insure Promptness**'(신속함을 보장받기 위하여)로 간소화되었고 이것의 머리글자를 따서 팁(Tip)이 되었다.

팁이란 말 그대로 내가 받은 서비스에 대한 대가라고 할 수 있다. 우리나라 팁 문화의 역사는 그리 오래 되지 않았으며 팁 문화가 그리 확산되지 않았기에 해외 나가서 인색하다는 이미지를 주거나 과다한 팁을 주어 오히려 역효과를 낳는 경우가 있다.

유럽에선 팁을 주는 관습이 1800년대 후반에 거의 사라졌다. 하지만 이 관습을 이어 받은 미국에선 번성하고 있다. 미국에서는 한 해 팁으로 왔다 갔다 하는 돈이 무려 400억 달러에 달한다는 통계가 있을 정도다.

물론 팁을 주는 것은 원래 손님의 자유다. 주지 않아도 법적으로 문제가 없다. 하지만 미국에서는 팁으로 생계를 꾸리는 노동자가 많아 일반적으로는 '손님의 의무'로 여겨진다.

2. 문화권마다 다른 팁 문화

팁 문화는 국가별, 지역별로 차이가 있으나 보통 레스토랑이나 카페의 경우에는 음식 값의 10~15%를 팁으로 지불한다. 테이블의 담당 서버에게 식사나 음료 값을 계산하며 함께 건넨다. 호텔에서 객실까지 짐을 들어주는 포터에게는 짐 한 개당 1불 정도, 객실을 청소하는 룸메이드에게는 아침마다 1인당 1불정도를 베개 밑이나 침대 옆 테이블에 두는 것이 관례이다. 직접 팁을 건넬 때는 돈이 보이게 건네는 것보다는 돈을 쥔 손바닥을 아래로 하여 돈이 보이지 않게 건네거나, 레스토랑의 경우라면 계산서 사이에 끼워서 주는 것이 예의이다.

◆ 미국을 비롯한 북미 대륙: "팁의 왕국" 미국과 캐나다에서는 서비스를 받았다면 팁을 지불해야 한다는 논리이다.

미국인은 팁을 주지 않으려면 서비스에 불만이 있는 등 이유가 있어야 한다고 생각한다. 2009년 펜실베이니아 주의 한 식당은 '웨이터의 서비스가 마음에 들지 않았다'는 이유로 팁을 주지 않은 손님을 절도 혐의로 고소한 사례도 있다. 미국에서 팁은 최저 임금제를 통해 제도화돼 있다. 미국의 최저 임금제는 팁을 감안해 최저 임금을 규정한다.

북미에서는 노동자의 최저 임금을 적용할 때 팁을 받는 업무 종사자와 일반 업무 종사자를 구분하여 2단계 최저 임금제를 적용하고 있다.

식당에선 점심때 10~15%, 저녁때 20% 정도 주는 게 통상적이며 고급 식당에선 최소 20%를 기대한다. 테이크아웃이 아닌 테이블에 앉아 서비스를 받는다면 모든 경우에 팁을 줘야 한다. 음식 배달이더라도 같은 비율이 적용된다. 특히 레스토랑에 식사 시 어린이를 동반하여 테이블이 지저분할 경우 더 지불해야 한다.

테이크아웃 커피숍이나 델리 가게에서도 카운터 앞에 작은 유리병을 볼 수 있다. 커피 한두 잔 테이크아웃 할 때는 팁을 남기지 않아도 되지만 많은 양의 음식을 싸 갈 때는 1~2달러를 병에 남기는 게 좋다. 현금으로 계산한 뒤 잔돈을 넣기도 한다.

영수증이나 메뉴판 아래에 '필수 팁'(mandatory tipping) 또는 '의무적 팁'(mandatory gratuity)이라고 명시해 놓고 20% 이상의 팁을 영수증에 아예 포함해 청구하는 식당이 많다.

택시를 이용할 때도 요금의 15~20%를 주면 된다. 심지어 차량 공유 서비스인 우버는 최근 팁을 줄 수 있게 바뀌었다.

호텔에 들어서면 도어맨 · 벨보이 · 메이드(하우스 키퍼) · 컨시어지가 모두 팁을 기대한다. 택시를 잡아주는 도어맨에게는 1~2달러, 짐을 들어주는 벨보이에게는 가방 1개에 1~2달러씩 주면 된다. 또 메이드에게는 하루당 2~5달러씩을 침대 위 등에 두면 된다.

◆ 유럽

유럽은 대체로 팁 문화가 많이 사라졌다고 볼 수 있다.

특히 북유럽 국가들, 네덜란드, 덴마크 등지는 거의 팁이 없다고 할 수 있다.

하지만 이탈리아, 프랑스, 영국 등지에서는 계산서에 'servizio

inclus'(이미 팁이 포함되어있음)인지 아니면 'service non compris' (팁이 포함되어 있지 않음)에 따라 팁 여부를 결정할 수 있다. 특히 영국에서도 총금액에 봉사료가 포함된 경우가 많다. 식당, 택시 등을 이용할 때 팁을 10% 정도 주고 호텔에서는 1파운드 정도를 건네기도 한다.

오스트리아에서도 서비스한 팁을 대체적으로 내야 한다. 레스토랑을 이용했을 땐 총 지불액의 10%를 주는 게 일반적이다

◆ 아시아

일본과 중국 모두 팁을 주지 않는 문화가 보편적이다. 특히 일본은 거의 팁을 주지 않는 문화이며 팁을 건넬 경우 오히려 어색한 장면이 연출될 수 있다. 홍콩이나 싱가포르 등지는 팁을 주로 지불하는데 대체로 10~15%를 지불하는 것이 보통이다.

2 생활속 문화

1) 청결이란

깨끗한 것이 존재하려면 더러운 것이 그 반대편에 있어야 한다(문화인류학자 메리더글라스). 더럽고 깨끗한 것은 그 사회와 조직(집단)의 환경, 문화적 해석에 따른 상대적 개념으로 인식하게 된다.

● 위생적 관점

일본인의 청결은 자연환경이 습하여 각종 세균의 번식이 용이한데서 기인한 철저한 위생 관리 개념이 생겼다. 반면 건조한 사막 지대 특

히 몽골 지역은 비교적 건조하기에 세균 번식이 용이하지 않기에 특별한 위생관리가 필요치 않았을 것이다.

- **환경적 관점: 자연환경 오염의 관점**

자연환경의 여건으로 인한 청결 개념의 차이가 발생하게 된다. 예를 들면 건조한 지역이나 물이 귀한 지역의 경우 청결 개념이 다를 수 있다. 또한 도시에서는 흙 등을 청결하지 않은 것으로 보지만 생태 환경이 풍요로운 지역에서는 흙 등에 대한 불결한 인식이 약한 면이 있다.

- **윤리와 종교적 관점**

인도에서는 깨끗하고 더러움에 대한 개념이 우리나라와는 다를 수 있으며 특히 종교적 윤리적 개념이 더 강하다. 예를 들면 종교적 의식 전의 목욕 문화 등이 있다.

2) 목욕 문화

(1) 목욕 문화

목욕의 빈도나 방법은 자연환경에 적응하고자 하는 인간의 선택으로 단순히 횟수나 시간으로 균일화시킬 수 없다.

- **청결을 지향하는 목욕 문화: 한국이 대표적**

전통적 한국에서의 목욕 문화는 종전에는 때밀기 목욕 문화로 몸의 때를 밀어야 청결해진다고 믿었다. 중요한 행사(기도나 제사 등)나 이벤트(축제 등)를 하기 앞서 몸과 마음을 청결히 하고자 하는 목욕 문화가 일반적이었다.

● **휴식을 지향하는 목욕 문화: 일본의 목욕 문화가 대표적**

일본에서는 하루 일과를 마치고 휴식 차원에서 온천이나 욕조에 몸을 담그는 형태의 목욕이 일반적이다. 욕조에서 때를 밀거나 몸을 씻기 보다는 욕조 안에서의 휴식을 즐기는 문화인 것이다(욕조에 들어가기 전 몸을 대충 씻어 욕조의 물이 더러워지지 않도록 하는 것이 일반적임). 그리고 일본에서는 아침보다는 주로 저녁에 목욕이나 샤워를 하는 문화가 일반적이다.

● **치료를 지향하는 목욕 문화: 온천 치료, 요양(스파 테라피)**

서구 사회의 경우 목욕보다는 샤워 문화가 발달되었는데 고대 시대의 치료나 요양의 용도로 인식되었다.

고대시대 유럽의 온천이 주로 치료와 요양의 형태가 많았다.

● **종교적 의식으로서의 목욕 문화**

인도에서는 해탈을 위한 정신적 의식이 일반적이고 이슬람에서는 더러움과 고통에서 벗어나는 행동 양식이 일반적이다.

● **놀이(레저)의 개념으로 자리잡은 목욕 문화: 물놀이 공간, 유원지, 찜질방 등**

고대 로마에서도 하나의 놀이와 레저의 개념으로 목욕 문화가 성행하여 퇴폐적 행위로까지 이어지게 되어 오랜 역사동안 놀이와 레저로서의 목욕 문화에 대해서는 금기시되었던 적도 있다.

3) 국가와 종교마다의 독특한 문화

(1) 벌금의 도시국가 싱가포르

공공 기관, 버스, 박물관, 도서관, 공연장, 엘리베이터, 각종 마트,

백화점 등 대중이 모이는 대부분의 시설과 공간에서 금연 구역으로 지정되어 있으며 이 구역 내에서 흡연을 할 경우 싱가폴 달러로 약 1,000불의 벌금이 부과된다.

도로에 쓰레기를 버리거나, 공공장소에서 침을 뱉다 적발돼도 벌금이 부과된다. 껌도 판매하지 않으며 공공장소에서 껌을 씹을 수 없다.

화장실에서 용변을 본 후 물을 내리지 않아도, 택시 안에서 안전벨트를 매지 않아도 벌금을 내야한다.

(2) 이슬람권의 '라마단'(Ramadan)

이슬람권 국가를 여행할 때는 '라마단'(Ramadan) 기간을 유의할 필요가 있다. 라마단은 이슬람교의 다섯 가지 종교적 의무 중 하나인 사움(금식)에서 기인하는데, 히즈라(이슬람력의 9월) 한 달간 해가 떠 있는 동안은 먹거나 마시는 것이 일절 금지된다. 또한 이 시기에는 담배를 피우거나 부부 관계를 갖는 것조차 금기시 된다. 무슬림에게는 성스러운 기간이지만 여행자에게는 고된 기간이 될 수 있다. 이 기간 중에는 상점 및 은행, 관공서의 영업 시간이 일제히 변경된다. 최근 일부 국가들은 주요 관광지를 중심으로 정상 영업을 하는 상점이 늘어나고 있지만, 도심 지역이나 관광지를 벗어나면 거의 대부분의 가게나 공공기관이 문을 닫기에 주의할 필요가 있다. 라마단은 현재 우리가 사용하는 양력보다 10일 정도 짧은 음력인 히즈라(이슬람력)로 계산되어 매년 날짜가 10일 정도 빨라진다. 라마단이 끝나면 '이둘 피트르'라는 이슬람권에서 가장 큰 축제가 벌어지며, 바이람(Bairam)이라는 종교 휴가가 시작된다. 공식적으로 바이람 기간은 3일이지만 지역에 따라 더 늘어날 수 있다.

(3) '시에스타'(Siesta)문화

정열의 상징인 스페인, 이탈리아, 그리스 등 지중해 연안의 국가들은 낮잠 자는 문화 즉 시에스타가 있다. '시에스타'(Siesta)란 곧 낮잠 자는 시간을 뜻한다. 한낮의 뜨거운 태양열이 한창인 시간대에 낮잠을 자며 휴식을 취한 후 원기를 회복하자는 문화이기도하다.

시에스타 시간동안에는 대부분의 공공 기관, 상점, 레스토랑이 모두 영업을 중지한다. 시에스타의 시간대는 각 국가마다 다소 차이는 있으나 오후 1시경에서 4시 사이에 2~3시간 정도 이루어진다. 보통 스페인에서는 오후 1시~4시, 이탈리아에서는 오후 1시~3시30분, 그리스에서는 오후 2시~4시까지 시에스타가 이어진다.

물론 최근 들어서는 시에스타 문화가 점점 희석되어 없는 도시도 많아지고 있다.

(4) 자전거 전용 도로: 자전거 도로는 자동차 전용 도로와 마찬가지

많은 국가들이 자전거의 경우 책임과 의무, 운전자의 권리 등 다양한 면에서 자동차와 유사한 취급을 하는 경우가 많다.

유럽의 많은 국가들은 자동차 도로, 보행자 도로와 함께 자전거 전용도로가 설치되어 있어 자전거 도로의 침범은 자동차 전용 도로 침범하는 것과 마찬가지로 아주 심각한 것으로 받아들여진다. 특히 네덜란드의 경우에는 전국의 자전거 전용 도로 설치율이 92% 이상에 이를 정도로 자전거의 천국이라 할 수 있다.

특히 북유럽의 많은 국가에서 자전거 이용자들은 자전거 전용 도로 침범에 매우 민감하여 신경질적인 반응을 나타내거나 야유를 하는 경우가 있다.

(5) 그 외 우리와 다른 것들

① 건물 층수에서 1층은 우리의 1층과 다르다.

특히 유럽의 경우 건물의 층수를 표시할 때 우리의 2층에 해당하는 층수를 1층으로 표기하고 인식한다. 다시 말해 우리의 3층은 그들의 2층이 되는 셈이다. 우리의 1층을 그들은 G(Ground) 또는 E(Earth)로 나타낸다. 엘리베이터 버튼도 G 또는 E로 되어 있다.

② "I'm Sorry!" 함부로 외쳐서는 안 되는 경우가 있다.

외국에서 교통사고가 났거나 현지인과 약간의 트러블에 봉착하여 시시비비를 가려야할 경우 특히 법적인 판단을 필요로 할 경우 "I'm Sorry"는 바로 자신의 과실을 전적으로 인정하는 셈이 되기에 절대적으로 불리해진다. 상황만을 객관적으로 솔직하게 진술하면 되고 현지 언어의 어려움이 있을 경우 통역을 요청하거나 대사관의 도움 아래 처리하는 것이 바람직하다.

3 의례 문화: 결혼과 장례 문화

혼례 문화와 장례 문화는 그 문화권의 가치관과 윤리, 정신 세계, 인간관계의 유형 등 전반적인 것을 나타내는 것이라고 할 수 있다. 우리나라의 경우 집단주의, 씨족 사회의 가치관에 입각한 전형적 모습이 전통적 혼례와 장례 문화이다. 한편 서구의 경우 개인주의의 가치관에 입각한 전형적 모습이라고 할 수 있다.

(1) 전통적 혼례 문화의 비교

① 우리나라의 혼례 문화

개인과 개인의 결합이 아닌 집안과 집안의 결합이다. 전통적으로 결혼의 형식과 내용에 결혼 당사자보다는 혼주(혼인하고자 하는 사람의 부모나 보호자)의 영향력이 큰 성향이 있다. 혼주가 결혼 준비와 결혼의 형식과 내용에 큰 영향력을 행사하는 경우가 많다.

그리고 결혼이 집안의 결합인 만큼 집안 간의 상호 예의와 의례가 가장 중요시 되고 있다. 그 대표적 사례가 "혼수와 예단"이다.

"축의금 문화"는 집단, 씨족 사회의 전통 중 하나이다. 혼주에게 결혼 준비하는데 소요되는 경비와 노동력을 상호 품앗이 하는 전통에서 기인한다. 그리고 전통적으로는 축하와 축의금은 혼주에게 하는 경우가 많다. 결혼하는 당사자를 잘 몰라도 혼주와 아는 사이라면 축의금을 내거나 결혼식에 참석하는 경우 많다. 물론 최근에는 작은 결혼식이란 의미가 중요시 되어 결혼 당사자 간에 합의하여 조촐하게 치르기도 하며 혼인 당사자들이 자신의 의지와 의사대로 진행하는 경우가 많다.

② 서구의 혼례 문화

서구 사회에서의 결혼이란 개인과 개인의 결합을 두 집안에게 알리는 형식으로 간주된다. 그리고 결혼에 대한 전반적인 결정은 당사자가 하게 되며 혼수와 예단은 없고 두 사람의 결합을 상징하는 당사자 간의 예물만을 교환한다.

축하와 축의금(물품)은 결혼 당사자에게 하며 부모 역시 축하객의 일원이라고 할 수 있다. 물론 상류층이거나 대가족 집안의 경우에 집안끼리의 결합으로 이어지는 경우도 있을 수 있다.

(2) 전통적 장례 문화의 비교

① 우리나라의 장례 문화

우리나라에서의 장례 문화는 망자보다는 남은 유가족(상주)에게 조의와 부의를 하는 것이 관례이다. 망자와의 지인 관계가 아니더라도 유가족과의 관계 친밀도에 따라 조의를 표하는 정도가 달라지게 된다. 혼례와 마찬가지로 집단, 씨족 사회의 전통 중 하나로 상주를 위로해주고 장례 준비 하는데 소요되는 경비와 노동력을 상호 품앗이 하는 것이다.

② 서구의 장례 문화

서구에서는 망자에게 조의를 표하는 것을 원칙으로 하며 부의금보다는 망자에게 조의를 표하는 상징으로 꽃을 보내는 것이 일반적이다. 유가족과의 친분 관계에서도 조의를 표하기는 하지만 평소 망자와의 친분 관계가 더 중요한 요인으로 작용한다.

9

제9장

유럽의 다양한 문화들

1 유럽의 여러 나라들의 서로 다른 모습

1) 유럽이란?

6개 대륙 중 오세아니아 다음으로 작은 대륙으로 북쪽은 북극해, 서쪽은 대서양, 남쪽은 지중해로 동쪽은 우랄산맥 · 우랄강 · 카스피해 · 캅카스산맥 · 흑해 · 보스포루스 해협을 경계로 아시아 대륙에 접해있다. 유라시아 대륙 북부의 넓은 영역을 차지한 러시아는 면적 · 인구에서 하나의 대륙으로 볼 수 있을 만하므로 제2차 세계 대전 후에는 유엔에서도 우랄산맥 서쪽의 러시아 영토를 제외한 좁은 뜻의 유럽을 유럽 대륙으로 보는 구분 방식을 취하고 있다.

유럽(Europe)이라는 명칭은 메소포타미아 지방에 살던 사람들이 단순히 '서쪽의 땅' 또는 '해가 지는 곳'이라는 뜻으로 부르던 '에레브'(ereb)에서 유래한다. 러시아권을 제외한 좁은 의미의 유럽은 약 36개의 크고 작은 나라들이 있고, 대부분이 육지를 국경으로 삼고 있다.

유럽을 지리적 위치 · 정치 · 인종 · 문화적 지표에 의해 다시 나누면

- 서부 유럽: 영국 · 프랑스 · 베넬룩스 3국이 포함되며 주로 게르만족이며 종교는 개신교.
- 북부 유럽: 아이슬란드 · 스칸디나비아 3국, 네덜란드, 핀란드, 스

웨덴, 덴마크 등으로 게르만족이며 개신교.

- 중부 유럽: 독일 · 오스트리아 · 스위스, 주로 게르만족, 개신교.
- 남부 유럽: 주로 지중해 연안 국가들로 에스파냐, 포르투갈, 이탈리아, 그리스, 프랑스 남부 등으로 라틴족, 주로 카톨릭교.
- 동부 유럽: 폴란드 · 유고슬라비아 · 체코 · 불가리아 헝가리 등으로 슬라브족, 동방정교와 카톨릭교.

2) 유럽의 다양한 특성

(1) 지중해와 남유럽 지역권의 특성

이탈리아, 그리스, 프랑스, 스페인, 포르투갈 등이 대표적이다.

이들 국가는 대체로 집단주의적 성향이 상대적으로 강한편이며 지역 애착에 의한 지역 감정도 심한 편이라고 할 수 있다. 따뜻한 기후의 영향으로 야외에서 더 많은 시간을 보내면서 타인과의 교류와 교감이 더 많다. 비교적 사적인 대화와 이야기도 많이 털어놓게 되는 특성을 지니고 있다. 사람들과 더불어 하는 일과 그들끼리의 소속감이 비교적 강한 편이다.

그리고 약간의 신체적 접촉이 허용되는 문화도 있는데 예를 들면 악수와 가벼운 허그도 비교적 친숙하게 하는 경향이 있다. 공적인 장소나 상황에서도 사적인 이야기와 가족적인 분위기로 전환되는 경우가 많다. 서로 눈이 마주치면 모르는 사람끼리라도 가벼운 미소 등을 지으며 친밀감을 나타내기도 한다. 사람들과의 회식과 식사를 즐기며 식사시간 또한 매우 긴 편이다.

또한 음식 문화가 다양하게 발달되어 있으며 풍족하게 대접하려는 경향이 강하다.

→ 이탈리아의 음식 문화, 프랑스의 음식 문화, 스페인의 식습관 등이 대표적

→ 식사와 함께 와인 문화, 커피를 즐기는 문화 등

반면 교통질서(운전 습관)를 비롯한 각종 사회 질서 준수율이 상대적으로 낮은 편이기도 하다.

물론 동일 국가 내에서도 지역 간의 문화적 차이가 현저한 경우도 있다. 예를 들면 이탈리아와 프랑스의 경우에도 남부 지역과 북부 지역의 문화적 차이는 매우 현격한 편인데 이는 기후 여건과 산업 여건이 현격히 다른 데서 기인한다.

(2) 중부 유럽이나 북유럽, 동부 유럽권의 특성

기후가 춥고 연중 흐린 날씨가 계속되어 실내에서의 활동이 많아 외부인과의 접촉 기회가 상대적으로 적다. 여가 시간대는 주로 책을 읽거나 가족과 함께 지내는 생활이 많기에 가족 중심으로 개인주의적 성향이 강하다. 폴란드, 헝가리, 독일, 네덜란드, 벨기에, 영국, 스칸디나비아 반도 국가들이 대표적이다.

한편 모르는 사람과의 눈이 마주치는 일을 피하며 설사 마주치더라도 다소 무표정한 얼굴을 나타내는 경향이 있다. 공식적인 회식이나 가족과의 식사가 아니면 비교적 남과의 회식은 잦은 편이 아니며 회식의 경우에도 시간이 그리 길지 않다. 악수와 가벼운 허그 등도 상대적으로 빈번하지 않는 성향이 있다. 물론 동성(특히 남성)끼리의 가벼운 악수는 자주 하는 편이다. 매사에 공정한 기준에 의거하여 합리적으로 해결하고자하는 성향이 강하며 공과 사가 매우 분명하고 명확한 성향이 있다.

서로 친하지 않은 관계에서 절대 사적인 질문(결혼 여부, 직업, 나이 등)을 하지 않는 것이 예의라고 생각한다. 한편 엄격한 질서 의식과 질서 준수율을 나타내고 있는데 물론 예외적인 경우도 있다.

→ 핀란드는 사우나 문화를 통해 서로 벗은 모습을 드러내기도 함.

→ 노르웨이 사람들은 스웨덴 사람에 비해서는 비교적 낙천적이며 사교적임.

→ 폴란드 사람들이 동유럽 내에서도 유난히 심각한 표정이며 사교적이지 못함.

2 우리가 모르는 문화들

1) 투표권을 통해 본 서구 사회에서의 여성의 지위

알고 보면 모든 서구 유럽 사회가 오래전부터 여성의 사회적 지위가 높았던 것은 아니다. 다만 사회의 발전 배경과 단계에 따라 달라지고 있다. 예를 들면 북유럽의 경우 특히 오래전부터 여성의 사회적 지위와 아울러 사회적 활동이 활발했다. 열악한 환경으로 인해 19세기까지 남성들은 배를 타고 교역이나 해적으로 마을 떠나 있었으며 남아있는 여성들이 지역 공동체를 이끌어갈 수밖에 없는 상황이 지속되었다. 따라서 여성들이 관리직, 공무원으로 지역 공동체를 이끌어오게 되며 남성들은 주로 물리적 힘이 필요한 어업이나 교역, 농사일을 담당하게 된 데서 유래하게 되었다.

● 서구 사회의 여성 지위 발전 개요

서구의 경우 19세기 초까지만 해도 기혼 여성이 자신의 재산을 소유하고 타인과 직접 계약을 체결하고 남편의 동의 없이 자신의 재산을 처분할 수 없었다. 현재와 같은 보통 선거제를 가장 먼저 실시한 국가는 영국은 1932년까지 21세 이상의 남자로서 일정액 이상의 재산을 소유한 사람만이 투표를 할 수 있었으며 법적으로 모든 남성이 투표권을 가지게 된 것은 1885년부터이다. 1918년부터 여성에게 투표권을 주기 시작했는데 30세 이상의 여성에게만 주어졌으며 이후 1928년부터 21세의 모든 여성에게로 투표권이 확대되었다.

전국적인 차원에서 여성에게 투표권을 처음 준 국가는 뉴질랜드로서 1893년부터이며 미국은 1919년 전국적으로 여성에게 투표권을 주는 등 대부분의 선진국에서 여성에게 투표권을 준 것은 1920년대였으나 벨기에, 프랑스, 그리스, 이탈리아에서 1945년부터 여성이 투표권을 갖게 되었다. 중동 지역의 요르단에서는 1984년에 여성에게 투표권을 주었다.

2) 성문화 인식

일반적으로 성에 대한 욕망을 우회시켜 사회, 경제적 질서를 유치하기 위한 조직의 안전 장치로 성을 규제하게 되었다.

● 동서양의 성관계에 대한 인식

동양에서의 성행위는 사랑하는 두 사람의 최종적 결과이며 두 사람이 하나로 결합되는 결혼과 결부되어 있었다. 즉 사랑의 결과이며 남녀관계의 최종점으로 성행위를 인식하는 경향이 강했다.

반면 서양에서는 성행위를 통해 사랑을 확인해가는 과정으로 행위를 통해 더 깊은 사랑을 확인한다고 인식하였다. 즉 다시 말해 사랑의 출발이며 남녀 관계의 본격적인 출발점으로 성행위를 인식하였다. 물론 그렇다고 해서 서구의 성문화가 다 문란한 것은 아니며 성을 바라보는 인식이 다른 것일 뿐이다.

한편 한 사회의 지배 권력이 어디에 있느냐에 따라 순결 문화권과 비순결 문화권으로 나누어진다. 그리고 성을 둘러싼 다양한 형태와 인식, 문화를 정리해보면 아래와 같다.

● 순결 문화권(남성 중심 부권 사회)

→ 여성을 남성에게 종속시키는 성적 불평등 행위
→ 처녀성에 신성한 의무를 부여하면서 사회적으로 합리화되어 옴
→ 재산이나 권력의 독점과 승계를 위한 남성 혈통의 확인

● 비순결 문화권(여성중심 모계 사회)

→ 아프리카의 일부 종족: 성경험이 많을수록 결혼 상대자로서 높은 가치를 지님
→ 마사이족: 임신을 위해 외간 남자와의 동침도 가능
→ 북유럽: 성경험이 많은 여성을 선호
→ 역사적 요인: 장기 항해를 떠난 사이 남성대신 여성이 도시를 지배하여 모계 사회의 성향을 띠게 됨
→ 지리적 요인: 추운 지역에서의 생존과 인구 증가를 위함

● 성 해방과 프리섹스

→ 프리섹스는 성관계에 있어서 특정한 조건(결혼이나 부양)이나 구속을 갖지 아니함을 의미하며 문란한 성관계를 의미하는 것은 아님
→ 여성의 순결과 임신 등에 관한 구속 철폐

● 성을 규제하기 위한 수단으로서의 프리섹스

→ 케냐의 난다족: 12~14세까지 자유로운 성관계 허용
→ 인도의 무리아족: 7~9세 어린이의 성행위를 위한 공동 가옥 운영

● 성 개방 문화권 성 온폐 문화권

→ 기준: 개인적인 영역의 성행위를 공개적인 장소에서 공개적으로 하는지에 대한 차이.

→ 두 문화권의 구분은 한 사회의 보편화된 문화 현상일 뿐 모든 사회 구성원이 동일한 성의식과 성행동을 지니는 것은 아니며 아무나하고 아무렇게 이루어지는 성문화를 성개방이라고 할 수 없음.

● 동성애에 대한 시각

→ 어느 시대에도 동성애는 존재해왔음

→ 서구인의 눈에는 한국은 동성애의 천국?
: 여성끼리 팔짱을 끼는 모습 등

→ 이슬람 문화권: 동성애자는 투옥이나 사형

→ 구미 선진국: 동성애는 개인적인 성적 취향의 문제이며 개인의 행복 추구권 차원에서 인정되어야 한다는 인식이 확산(동성애자 결혼의 법적 허용 등)

3) 식자재와 환경

(1) 먹거리와 환경

프랑스의 사학자 투생사마는 “당신이 무엇을 먹는지 알려주면 나는 당신이 누구인지 알 수 있다”라고 하면서 먹거리 문화는 사회 구성원의 정체성을 밝히는데 매우 유용한 상징적 체계라고 했다. 먹거리 문화는 자연환경에 따라 달라지며, 사회 규범과 종교에 의해 달라지기도 한다. 또한 먹거리 문화는 인간의 신체 구조의 변화에도 결정적 영향을 끼치기도 한다.

(2) 문화권에 따라 다른 모습의 육류 섭취

● **환경적 요인으로 인한 모습**

→ 추운 지역에서는 비계 덩어리가 최상급의 고기로 인식되는데 특히 러시아, 몽골, 키르키스스탄 등이 여기에 속한다.

● **생태계 균형을 위한 야생 동물의 섭취**

→ 케냐(기린, 하마, 악어, 코끼리)

→ 호주(캥거루, 악어) / 호주의 원주민(도마뱀, 개미, 애벌레)

→ 아프리카, 동남아, 중남미 아마존강 유역(곤충, 파충류)

→ 베트남, 라오스, 태국의 소수 민족(물방개, 나비, 매미, 개미, 거미, 바퀴벌레, 누에와 벌의 유충, 딱정벌레, 벌집 등)

● **사회적 요인으로 인한 모습**

→ 몽골에서는 조류의 섭취를 금기시하는데 이는 그들의 장례 풍습인 풍장의 영향으로 죽은 사람의 시체를 새들이 쪼아 먹는 상황에서 기인한다.

● **경제적 요인으로 인한 모습**

→ 육류 공급이 충분한 민족은 살코기만을 이용하고 육류 공급이 부족한 민족은 고기의 모든 부위를 이용하거나 심지어 개고기까지도 섭취하는 상황도 있다.

● **종교적 요인으로 인한 모습**

→ 인도: 암소에 대한 신성성으로 소고기 섭취를 기피한다.

→ 인도의 상류층은 철저한 채식주의자로 상류층이 소고기를 식용할 경우 극빈층은 기아에 빠지게 될 것이므로 윤회설과 결부시

켜 종교적으로 소고기를 금하도록 한다.

→ 중동 지역: 돼지고기를 금기한다.

→ 유목민에게 돼지 사육은 경제적 비용 지출로 손해를 유발한다. (돼지는 곡물을 먹이로 하며 물이 귀하며 수송 기능이 없으며 쉽게 부패)

● 주술 및 관습, 미각에 따른 모습

→ 한국: 닭 날개를 먹으면 바람이 난다.

→ 인도네시아: 총각이 닭 날개를 먹으면 장가를 못 간다. (닭 날개 발음과 '거부'의 발음이 유사한데서 비롯된 미신)

→ 독일, 영국, 노르웨이, 덴마크, 스웨덴: 문어, 오징어(재수 없는 악마의 물고기)

→ 중국: 원숭이 골(뇌를 먹어서 뇌를 보한다)

→ 불가리아: 성탄절에 돼지고기로 축복을 빈다.

→ 폴란드, 불가리아, 러시아, 독일, 중국: 소고기보다 돼지고기 선호

→ 프랑스, 스위스, 노르웨이, 독일 북부, 일본: 말고기(육회 애용)

3 생활속의 문화 비교

1) 타인과의 물리적 거리: 친밀함의 거리

사람과 사람간에는 서로 일정한 거리를 두고 생활하게 된다. 예를 들면 지하철, 공원의 벤치 등 낯선 사람들과의 관계에서 어디에 앉을지, 대면해서 대화할 때는 어느 정도의 거리를 두어야 하는지, 그리고 공공장소에서 줄을 서야할 때 앞사람과의 간격은 어느 정도 두어야 하는지 등이 있다.

이는 문화권마다 다르며 이러한 간격은 그 지역의 대인 관계를 둘러

싼 문화를 잘 보여주는 단면이 되기도 한다. 우리나라도 일본에 비해서는 사람과 사람간의 거리가 짧은 편에 속한다.

데스먼드 모리스 (Desmond Morris)라는 학자는 사람들이 상대방과 어느 정도의 거리를 두는지에 따라 유형별로 유럽 국가들을 3가지로 구분하고 있다.

① 팔꿈치 지대: 팔꿈치가 서로 닿을 수 있으며 손에서 팔꿈치정도의 거리.
스페인, 프랑스, 이탈리아, 그리스, 터키가 여기에 해당됨.

② 손목 지대: 사람들이 원하기만 하면 상대방의 손목을 잡을 수 있는 거리 팔꿈치보다는 약간 먼 거리임.
동유럽의 대부분 국가들이 여기에 속하며 폴란드, 헝가리, 루마니아 등이 대표적임.

③ 손가락끝 지대: 상대방과의 거리가 팔길이 정도를 유지하는 것이 일반적이며 이는 서로 친숙한 사이가 아닐 경우 서로 간에 가능한 신체적 접촉을 피하려는 거리라고 할 수 있음.
영국과 벨기에, 독일, 네덜란드 등, 북유럽 국가들이 대표적임.

이러한 친숙함의 거리는 생활 전반에 잘 나타나고 있다. 대화할 때의 상대방과의 거리, 줄 설 때, 각종 자리배치, 파티 때의 인사 등이다.

이 친숙함의 거리에 대한 이해가 부족할 때 다른 문화권 사람끼리의 오해의 소지가 될 수 있다.

유럽 내에서도 이탈리아나 스페인 사람들이 영국, 독일인과 접촉하게 되면 서로 난처한 상황에 접할 수 있다. 특히 영국인, 독일, 스위스인들은 이탈리아나 스페인 사람들이 지나치게 사적인 거리로 들어오게 되는 것을 꺼려하는 성향도 있다.

2) 시간 문화

시간 개념을 어떻게 인식하느냐 국가마다 문화권마다 다른 양상을 나타낸다.

(1) 시간 개념이 강한 문화권: 독일, 영국, 스위스, 네덜란드, 북유럽의 국가들

시간을 자원으로 인식하고 시간에 얽매이는 사회라고 할 수 있다. 즉 시간은 돈이, 시간 낭비, 부족한 시간, 시간 투자 등의 표현을 자주 사용한다. 지역별 표준 시간의 구분 등으로 복잡한 시간 체계로 인해 시간에 대한 강박 관념이 강한 성향이 있다. 특히 일조량이 지극히 적거나 기후 조건이 열악하거나 계절의 구분이 명확한 경우가 많다. 그리고 업무 처리에 있어서는 계획에 따라 시간 분배, 한 번에 한 가지 일만 처리하는 양상을 나타낸다. 예를 들면 영국이나 독일에서는 비즈니스상의 상담이나 회의 중 전화를 받거나 다른 업무 처리를 하는 것은 있을 수 없는 일로 인식된다. 일정한 일에 할당된 시간은 그 목적에만 충실해야 하기에 다른 일이나 사람들은 끼어들 수 없다.

이러한 문화권에는 약속을 지키지 않는 것은 타인의 시간을 강탈하는 행위로 간주되며 시간을 아끼는 것은 경제 효율성을 높이는 것으로 인식된다. 이러한 문화권에서는 급행증후군, 여유 없는 생활로 이어질 가능성이 있다. 심지어는 각종 전자 제품이나 컴퓨터 등의 속도 기능이 강화되며 이는 곧 가격 상승 요인으로 인식되기도 한다.

(2) 시간 개념이 약한 문화권: 스페인, 포르투갈 등 서유럽/남유럽 일부국가, 필리핀 동남아, 중남미, 중동, 아프리카

대체로 단일 표준 시간대의 문화권에서 시간 개념이 약한 경우가 많으며 계절의 구분이 명확하지 않거나 혹은 기후 여건이 농작물 생산에 비교적 유리한 지역에도 시간 개념이 약한 경향이 있다. 시간은 순환되고 반복되는 것에 지나지 않아 시간에 얽매이지 않는 사회라고 할 수 있다. 예를 들면 시간 분배에 무관심, 한 번에 여러 가지 일을 동시에 처리한 경우가 많다. 비즈니스 상담 중에도 걸려오는 가족의 전화도 받고 직원이나 비서가 수시로 끼어들어 다른 대화를 하게 되는 경우도 허용된다.

스페인이나 이탈리아의 경우 두 가지 종류의 시간이 존재하기도 한다. 신성불가침의 시간은 점심 시간이나 수면 시간, 가족과 함께하는 시간으로 이 시간을 철저하게 준수하기도 한다. 그리고 세속적인 시간은 일상적인 시간으로 상황에 따라 변경될 수 있다고 간주되기도 한다.

프랑스의 경우도 점심 식사에 많은 시간을 할애하며 심지어 비즈니스 식사에서도 미각의 기쁨과 사업의 내용이 결합되어 주요리가 나오기 전까지는 비즈니스의 본론에 들어가지 않는 경우가 많다. 대체로 이런 국가나 지역은 과거 지향성이 강한 문화권이며 시간 자체보다 인간 관계가 더 중요(그 사람을 처음 만난 날 등)하게 인식되는 문화권이라고 할 수 있다. 예를 들면 시간 자체 보다는 사안이나 사건 위주로 기억(내가 결혼하던 날, 내가 젊었을 때 등)을 한다.

그리고 시간은 서로 필요와 목적에 따라 달라질 수 있는데 예를 들면 좌석이 다 차야 출발하는 버스, 해가 질 무렵 만남 등이 있다.

그리고 종종 시간 개념은 인사 표현이나 언어 발달에도 영향을 끼치게 된다. 인사말에도 시간개념이 명확한 지역은 시제에 따라 달리 표현하고 있다. 언어 체계에 있어서도 시간 개념이 명확한 지역은 미래,

현재, 과거 그리고 복합 시제 등으로 매우 세분화된 체계를 가지고 있다. 시간 개념이 약한 지역은 언어 체계에서 시제가 없거나 매우 간단 체계만을 이루고 있는 경우가 많다.

3) 선물 문화

선물의 주요 기능은 크게 두 가지로 볼 수 있다. 다시 말해 "경험의 공유"와 "마음의 표현"이라고 할 수 있다. "경험의 공유"는 여행을 다녀왔거나 내가 체험하고 있는 것을 상대방에게 전하고 싶은 것이다. 대표적으로 여행지에서의 선물, 고향의 특산물 등이 여기에 속한다.

"마음의 표현"은 특별한 기념일이나 사안이 발생하여 고맙거나, 감사, 사과의 표현을 물질로서 전달하는 것을 의미하게 된다.

선물 문화는 어느 문화권이나 존재하지만 전달하는 방식이나 내용이 달라질 수 있다. 서구에서는 가족간, 연인간의 선물은 일반화되어 있으나 동료나 잘 모르는 사람끼리의 선물 교환은 거의 하지 않는다. 특히 독일이나 스위스, 네덜란드 등 중부와 북부 유럽의 경우는 친한 사이가 아니면서 비즈니스 관계에 있을 때는 뇌물로 오해를 받을 수 있으나 러시아인들에게의 작은 선물은 교제와 거래에 도움이 될 수 있다.

반면 스페인, 그리스, 터키, 이탈리아 등의 남유럽이나 지중해 지역의 사람들은 작은 선물을 매우 좋아하고 좋은 친분을 쌓는데 매우 유리할 수 있다. 서구의 경우도 홀수가 선호되지만 13의 숫자는 피하는 것이 좋다. 백합은 죽음의 꽃을 의미하기에 피하는 것이 좋으며 프랑스에서는 카네이션이 장례식 꽃이기에 선물로 하는 것은 피해야 한다. 그리고 브라질의 경우 검은색과 자주색을 불길하다고 여기기에 피해야 한다. 서구에서는 선물은 그 자리에서 풀어보고 감사와 기쁨의 표시를 즉시 하는 것이 바람직하다.

Memo

10
제10장

미국과 캐나다: 닮은 문화, 다른 문화

1 샐러드볼 같은 미국

1) 미국의 일반적 개요

공식 명칭: 미합중국(United States of America)
인구: 299,330,000(2006년)
면적: 9,826,675㎢ 세계 3위(2014년 CIA 기준)
인구: 약 318,892,103명 세계 3위(2014.07. CIA 기준)
GDP: 18조 1,247억$ 세계 1위(2015 IMF 기준)
GDP: 1인당 기준 5만 6,421$ 세계 5위(2015 IMF 기준)
수도: 워싱턴 D.C.
정체 · 의회 형태: 연방 공화제, 양원제
국가 원수/정부 수반: 대통령/대통령
공식 언어: 영어
독립 년월일: 1776. 7. 4
화폐 단위: 미국달러(U. S. dollar/U.S.$)
국가(國歌): The Star-Spangled Banner

1492년 콜롬부스가 카리브해 연안의 히스파뇰라섬을 발견한 이후 미국대륙은 서양에 알려지게 되었다. 독립 전쟁과 독립 선언을 통해 1776년에 영국으로부터 독립하였다. 남북 전쟁과 노예 제도 폐지로 국내 갈등을 해소하고 1, 2차 세계 대전을 통해 국제적 입지를 다져왔다. 미국은 1991년 소련 붕괴 이후 단일한 세계 최강국으로 자리했다. 그리고 주요한 천연자원 생산국이기도 하며 세계의 주요 식량 수출국이기도 하다.

공식 국가 명칭은 미합중국이며, USA라고도 부른다. 수도는 워싱턴이며 캐나다, 멕시코와 국경이 닿아 있다.

국민은 다양한 인종으로 구성되며 대개 영어를 사용한다. 미국은 현재 50개의 주로 구성되어 있는 연방 공화국이며 48개 주는 본토에 있으며, 수도인 워싱턴 D. C.는 특별구로 관리되고 있고, 알래스카와 하와이 등 두 개의 주만 본토 밖에 위치해 있다. 50개주 중 원래 영국 식민지였던 동부 13개 주가 모체이고 그밖에는 원주민, 영국, 프랑스, 스페인, 러시아 등으로부터 전쟁을 통해 점령하였거나 다른 국가로부터 사들인 것이다. 해외 속령으로(海外屬領)으로 푸에르토리코 · 사모아 제도(諸島) · 웨이크섬 · 괌섬이 있으며 국제연합(國際聯合)의 신탁통치령(信託統治領)인 캐롤라인 제도를 보유하고 있다.

한편 각 주에 대해서는 중앙 정부는 헌법에 명시된 제한된 권리만을 행사할 수 있으며 중앙 정부로부터 주 정부의 독립권을 지키려는 노력도 상당하다. 이것이 미국식 민주주의의 토대인 '견제와 균형'의 중요한 한 부분을 이루고 있다.

2) 미국은 어떤 나라

(1) 다양성과 기회의 나라

동쪽의 대서양 연안에서 서쪽의 태평양 연안까지 걸쳐 있는 국토의 너비는 가장 넓은 곳이 4,500km나 되어 4개의 표준 시간대로 구분된다. 기후대도 매우 다양하여 5대호 연안은 한대성 기후, 남쪽은 아열대성 기후, 서부 해안은 지중해성 기후, 중서부 일부는 사막성 기후, 그밖에는 대개 사계절 구분이 뚜렷한 온대성 기후이다.

국민들은 유럽계와 중동계의 후손들, 아프리카계 미국인, 히스패닉계, 아시아계, 태평양 섬의 원주민, 아메리카 인디언(아메리카 원주민), 알래스카 원주민으로 구성된다. 국민의 대부분이 영어를 사용하지만, 히스패닉계는 스페인어를 사용한다. 종교는 그리스도교가 대다수를 차지하는데 여기에는 개신교 · 로마 가톨릭 · 동방 정교회 및 다양한 그리스도교 종파, 그리고 유대교 · 이슬람교 · 불교 · 힌두교를 믿는 국민들도 있다.

미국은 16세기 유럽으로부터 이민이 시작된 이래 아프리카, 아시아 등 세계 각지로부터 온 이민자들이 모여 구성된 다인종 · 다민족 · 다문화 사회이기도 하다.

이러한 다원적 미국사회를 동질성을 강조하여, '용광로'(melting pot)라고 부르거나, 각 문화의 이질성을 강조하여, '샐러드볼'(salad bowl)에 비유하기도 하다. 미국은 속지주의 국적 제도를 채택하고 있기 때문에 부모의 국적과 상관없이 미국에서 태어난 아기는 미국 국적을 보유하게 된다. 초기 이민자들이 종교 박해를 피해 또는 계급상 제한에서 벗어나 토지와 일자리를 얻기 위해 미국으로 건너오면서 미국은 자유와 기회의 땅이라는 인식이 생기게 되었다.

이것은 곧 아메리칸 드림(American dream)으로 형상화되었는데, 이는 미국에서는 개개인이 계급, 종교, 인종의 제한에 관계없이 근면(hard work)과 자유로운 선택을 통해 삶의 목표를 추구하고 실현할 수 있다는 소망을 의미한다.

(2) 풍요의 나라

● 천혜의 자원 보유국

인구는 전세계의 5% 수준이지만 석탄 · 구리 · 원유 생산량은 전세계의 거의 1/5을 차지하고 있다. 본토의 대부분이 온대에 속하는데다가 광대한 평야는 농목업의 발달에 적합하여, 세계 제2위의 농업 생산국이며 석탄 · 철광 · 석유 등 지하자원이 풍부할 뿐만 아니라, 일찍부터 자원을 개발하여 공업화를 이룩한 최대 공업국이기도 하다.

미국의 자원 현황

([네이버 지식백과] 미국의 지하자원과 에너지자원 (두산백과) 자료를 중심으로)

미국은 국토가 광대한 만큼 각종 지하자원 및 에너지 자원이 풍부하다. 미국의 석탄, 석유, 천연가스, 철광석 등 주요 광물 및 에너지 자원의 매장량과 생산량은 세계적이며, 니켈 등 극히 일부분의 비철금속을 제외하고 모든 자원의 자급자족이 가능하다. 석유의 매장량은 세계 10위 정도이나 실질적으로는 알래스카 등에 상당히 많이 매장되어 있으며, 생산량은 세계 1~2위이다. 또한 미국은 세계 최대의 석유 소비국이자 원유 수입국이기도 하다. 세계 석유의 약 30%를 소비하며, 2005년 1,031만 배럴의 석유를 수입하였고 이는 세계 2위의 석유수입국인 일본의 원유 수입량의 약 3배에 달하는 양이다.

철광석의 매장량도 풍부한데 주요 광산으로는 세계적으로 유명한 노천 광산인 메사비 광산이 있다. 오대호의 수운을 이용하여 애팔래치아 산맥의 석탄과 결합되어 그 중간에 위치한 디트로이트, 클리블랜드에서 세계 제1의 철강 산업을 육성하였고, 이를 바탕으로 자동차, 조선, 기계 등 관련 산업을 세계적 수준으로 발전시킬 수 있었다. 비철금속으로는 구리가 세계 생산량의 22%를 차지하는 것을 비롯하여 납(15%, 1위), 바나듐(42%, 1위), 몰리브덴(64%, 1위), 아연(8%, 3위) 등을 생산하며, 경금속 마그네슘도 47%로 1위이다.

● 최대의 농업국

옥수수는 세계 총생산량의 1/2, 쇠고기 · 돼지고기 · 양고기는 1/5, 밀은 1/10 이상을 차지한다. 최대의 에너지 생산국가([네이버 지식백과] 미국의 지하자원과 에너지자원 (두산백과))이다.

원자력의 경우 2005년 현재 104기 이상의 원전이 가동되어 원자력 발전소의 수는 세계에서 가장 많다.

원자력 발전의 연료가 되는 우라늄도 세계의 53%를 생산하고 있다. 1973년의 석유파동 이후 오일셰일(oil shale) 혹은 샌드오일(sand oil: 석유를 포함하고 있는 흙이나 모래층)에서 석유를 추출하는 새로운 기술을 개발하는 등 에너지 연료 확보를 주도하고 있다. 석탄은 애팔래치아 산지와 로키 산지를 중심으로 대규모로 매장되어 있으며, 세계 매장량의 17%로 러시아 다음으로 많다. 또한 미국은 에너지 자원의 소비량과 이에 의해 생산된 에너지 소비량도 단연 세계 1위이다. 전력 생산량의 68.24%가 풍부한 석탄 자원에 기초한 화력 발전으로 이루어지며, 원자력(28.48%)에 대한 의존도도 높다.

● 최대의 수출국

수출액은 전세계 총량의 10% 이상을 차지하고 있다. 천연자원이나 농업 생산물보다는 고도로 발달된 공업에 더 많이 의존하고 있다.

- **지역별 산업 구조의 특화**

텍사스 주는 쇠고기, 정유, 우주항공산업, 캘리포니아주는 청과류 생산, 항공기, 첨단 기술 산업. 중서부는 중공업과 곡식 생산, 록키산맥 일대는 임업과 제지 산업, 동북부는 금융업과 출판업, 그리고 방산업체는 서부와 남부 여기저기에 들어서 있다.

- **최대의 서비스 산업 국가**

노동 인력의 약 1/3이 서비스 산업 분야에 종사하며, 국내 총생산 공헌도에 있어 1위이며 특히 의료 · 보건업, 전문업, 사회 사업, 호텔 · 리조트 · 휴양 시설 등이다. 풍부한 자본과 뛰어난 기술을 바탕으로 미국의 대중음악과 영화는 세계 각국의 문화에 빠르게 흡수, 발전되었다. 20세기 후반 경제적인 여유와 여가 시간 및 여가 활동에 대한 수요 증가는 미국사회에 영화, 스포츠를 비롯한 각종 엔터테인먼트 산업의 발달을 가져왔다.

3) 미국의 문화 코드

(1) 다문화 공동체로 인한 개인주의 가치관의 발달

- **미국의 대표적 문화 코드: 개인주의(Individualism)**
- **개인주의란**

개인의 이익과 결정이 가장 중요하며 무엇보다도 우선권을 갖는다는 가치관을 지칭한다. 개인에 대한 책임성, 자조의 원칙, 자율성, 개인으로서 인간의 존엄성, 자기 개발, 개인이 원하는 것을 할 자유, 자신의 이익을 추구하는 성향, 개인의 창의성 존중, 개인의 성공 지향, 결과에 대한 개인의 책임, 공공에 대한 무관심, 사생활 인정 등을 포괄한다.

● 개인주의 발달 배경

이주민(이민자)들로 구성된 국가이기에 각 구성원들이 지닌 관습이나 문화를 존중할 필요성이 있다고 인식하고 있다. 지금으로부터 400년 전 메이플라워호를 타고 동부 해안에 처음 상륙한 청교도들은 종교적 자유와 새로운 경제적 기회를 찾아서 미지의 세계로 이주해서 이룬 국가이다. 이주한 이후 그들은 험한 자연환경과 원주민 인디언들과의 갈등 속 자신들의 삶에 대한 결정은 자신들 이 내려야 하는 극한 상황에 노출되었다. 그들에게 전통이나 가문 같은 것은 의미가 없으며 개인의 능력과 결정이 생존의 필수 요건으로 인식되었다. 각 개인은 자기의 행동에 대하여 책임을 지며 제3자는 개인의 행위에 대하여 판단할 입장에 있지 않다. 따라서 각 개인은 존중되어야 하는 것이다.

2 호수가 많은 자연의 나라, 캐나다: 캐나다의 다문화주의

1) 캐나다의 일반적 개요

공식 명칭: 캐나다(Canada)
면적: 9,984,670㎢ 세계 2위(CIA 기준)
인구: 약 34,834,841명 세계 37위(2014.07. est. CIA 기준)
수도: 오타와
정체 · 의회 형태: 연방 의회제, 다당제, 양원제
국가 원수/정부 수반: 영국 국왕/총리
공식 언어: 영어 · 프랑스어

독립년월일: 1867. 7. 1(영국자치령)
화폐단위: 캐나다달러(Canadian dollar/Can$)
GDP: 1조 6,155억$ 세계10위 (2015 IMF 기준)
1인당 GDP: 4만 5,029$ 세계13위 (2015 IMF 기준)

북아메리카 대륙 최북단의 연방 국가로 북반구의 10개주와 3개 준주로 구성된 국가이다. 아메리카 대륙의 최북단 국가로, 영국연방(英國聯邦)에 속한다.

전 세계 국가 중 러시아에 이어 국토 면적이 두 번째로 크며, 미국과의 국경은 두 나라간 국경 중 세계에서 가장 긴 국경이다.

수도는 오타와이며, 최대 도시는 토론토이다.

1534년 캐나다에 처음으로 이주한 유럽인은 프랑스인으로 지금의 "뉴프랑스"라고 불린 지방을 처음으로 탐험하게 되었다. 국왕의 명을 받은 프랑스인 칼디에(Jacque Caltier)가 내륙으로의 통로인 센트로렌스 강을 발견한 후, 모자의 원료인 모피를 찾아 차례로 내륙 쪽으로 진출하였다. 1545년부터 유럽인들은 지도와 책에 현재 캐나다 지역을 캐나다라고 표기하기 시작했다. 1763년 영국이 프랑스와 맺은 파리 조약 이후 영국의 식민 상태로 있다가 1867년 7월 1일 캐나다 자치령으로 독립하였다. 1949년 캐나다 헌법인 영국령 북아메리카 조례가 수정돼 캐나다는 독립을 법적으로 완성했으며 1951년 12월, 정식 명칭을 캐나다 자치령에서 캐나다로 변경했다. 1982년 캐나다 최초 헌법이 완성돼 영국과의 마지막 예속 관계를 청산, 완전한 독립국가가 되었다. 매년 7월 1일은 모든 캐나다인들의 가장 성대한 공휴일로, 행정 수도 오타와에서는 기념식이 열리고, 지역마다 불꽃놀이 등 축하 행사가 벌어진다.

2) 캐나다는 어떤 나라

(1) 천혜의 자연의 나라

국가명은 휴런-이로쿼이(Huron-Iroquois)족의 언어인 "마을", "정착지"를 의미하는 카나타(kanata)에서 유래되었다. 국토 면적은 우리나라(남한)의 100배에 달하며 미국보다 넓은 데 비해 인구는 미국의 1/10에 불과하다. 서쪽으로 미국 알래스카주, 남쪽으로 미국 12개주에 접하고, 서쪽으로 태평양, 북쪽으로 북극해, 동쪽으로 대서양, 데이비스해협, 배핀만(灣)에 면한다. 알래스카 국경선 근처에서 동쪽으로 배핀제도(諸島)까지의 북극 해상의 섬들은 캐나다에 속해 있다. 해안선 길이는 세계 최장으로 본토만 2만 8600km, 섬들을 포함하면 9만 5500km에 이른다.

주민의 대부분은 북위 50° 이남의 지역, 세인트로렌스강 유역에 거주하며 특히 미국과의 국경 지방에 집중되어 있다. 55° 이북의 광대한 국토에는 거의 사람이 살지 않는다. 캐나다 전체의 국민 소득은 약 3만불 이상이지만 지역적 차이가 있다. 온타리오주, 앨버타주, 브리티시컬럼비아주가 소득이 높은 지역이며 특히 앨버타주는 가장 부유한 주로 알려져 있다. 이에 비해 소득이 가장 낮은 지역으로는 뉴펀들랜드주를 들 수 있다. 소득의 격차 원인 중 하나는 지역의 천연자원을 들 수 있는데 예를 들면 앨버타주는 석유 및 각종 광물자원이 많은 반면, 뉴펀들랜드주는 임산업, 수산업의 비중이 높은 곳이다.

캐나다는 자연의 혜택이 풍부한 나라이지만, 풍토의 영향으로 도시에 거주하는 사람이 의외로 많다. 국민의 3/4 이상이 미국과의 국경에서 160km 이내인 최남부에 살고 있으며 생활수준이 높은 것은 잘 알려져 있다. 그리고 호수(lake)가 인구수보다 많은데 3천여 개의 호수로 여름철에는 호숫가 별장에서 보트와 요트를 즐기는 것이 대표적 휴가형태이다.

(2) 풍부한 천연자원과 관련 산업

캐나다의 주요 산업은 항공 산업, 우주 산업, 자동차 부품 제조, 제지, 철강, 기계 · 기기, 에너지 산업, 광업, 화석연료 채굴, 임산, 농업, 어업이다. 임업과 그 관련 사업은 캐나다 경제에서 차지하는 지위가 높으며, 전수출액의 3할 가까이를 제공하고 있다. 특히 펄프, 제지업은 생산액, 취업자수, 수출액에 있어서 캐나다 최대의 산업이며, 신문용지는 세계 수용의 1/2을 공급하고 있다.

수산업은 캐나다 최초의 산업이며, 새우, 대구를 중심으로 하는 대서양 연안에서는 청어, 정어리 등을 중심으로 35%를 차지하며, 오대호에서는 10%에 불과하다. 한편 광업은 2차 세계 대전 이후 급속히 발전한 산업으로서, 특히 서드베리 부근의 니켈, 퀘벡 주 남부의 석면(石綿)은 독점적인 지위에 있다.

캐나다의 자원

(([네이버 지식백과] 캐나다의 자원 (두산백과) 자료를 중심으로))

백금, 금, 우라늄, 은, 구리, 아연 등 세계 유수의 광산물 수출국이다. 또 수력 발전은 미국 다음 가는 세계 제2위의 발전 능력을 지니며, 보크사이트를 수입하여 정련하는 알루미늄 생산국이기도 하다. 금속 자원의 경우 우라늄(1만 톤, 1위, 세계 시장 점유율 29.2%), 염화칼륨(820만 톤, 1위, 세계 시장 점유율 30.9%), 유황(903만 톤, 2위), 철광석(1980만 톤, 3위), 은(1309톤, 3위), 텅스텐(2750톤, 3위), 니켈(16만 톤, 3위), 아연(100만 톤, 4위), 코발트(4304톤, 5위), 염화나트륨(1335만 톤, 5위), 납(15만 톤, 5위), 금(141톤, 7위), 안티몬(143톤, 8위), 구리(56만 톤, 8위)을 가지고 있다. 이 외에도 마그네슘, 인 등도 채굴되고 있다.

캐나다는 광물 자원을 타고나서 세계 10위에 들어가는 광물이 17종류가 있다.

(3) 다양성의 나라

캐나다는 다양한 민족으로 구성되어 있다. 10만 명 이상인 민족만 해도 34개 민족이 있다. 캐나다인의 다수는 제1차 세계 대전 이전까지 이민 온 유럽(잉글랜드 19.2%, 프랑스 15.7%, 스코틀랜드 14%, 아일랜드 12.9%, 독일 9.0%, 이탈리아 4.3%) 출신의 백인의 자손이다. 아시아계 캐나다인은 전체 인구의 10%이며, 온타리오 주 남부와 밴쿠버 지역에 집중되어 있다. 한편 원주민은 전체 인구의 3%이다. 흑인은 전체 인구의 3%를 차지하는데, 서인도 제도에서 온 이민들이 대부분이다.

캐나다에는 영국계와 프랑스계 문화와 전통이 공존할 뿐만 아니라, 다른 여러 나라 출신들도 많고 인구가 넓은 영토에 산재해 있어서 문화적 다양성이 유지되고 있다. 전체 인구의 약 59%가 영어, 23%가 프랑스어, 17.5% 정도가 기타 언어를 사용하고 있으며 비공식 통계로 전국민의 약 50% 정도는 집안에서 가족끼리는 영어를 사용하지 않는 것으로 알려져 있다.

캐나다에는 재미있는 지명들이 많다. 유럽 각지에서 온 초기의 이주자들이 자신들의 고향이나 좋아하는 유럽의 지명을 그대로 명명한 것이다. 예를 들어 런던, 캠브리지, 인터라켄, 워털루, 헤밀턴, 리치몬드, 빅토리아, 시드니, 뉴프랑스 등이 있다.

(4) 다양한 기후가 나타나는 기후 생태의 나라

동쪽으로는 대서양과 접해 있으며 서쪽은 알래스카와 태평양, 북쪽은 북극해, 남쪽은 미국과 접하고 있다. 지형은 북극해 쪽으로 전체적인 경사를 이루고 있고, 침식에 의한 빙하호와 피요르드가 많으며 태평양 연안 지역은 캐나다 로키(Canadian Rocky), 코스트(Coast) 등의 산맥이 뻗어 있다.

서부는 대평원으로 이 지역 중부 이남은 곡창 지대이고 북극해 제도 및 허드슨만의 북쪽은 툰드라 지대로 사람이 살기 힘든 환경이다. 캐나다는 대부분의 지역이 한랭 기후이며 인구가 밀집된 미국 국경으로부터 160km 이내 지역은 온대기 후를 나타내고 있다. 툰드라 지역 서부는 산림 지대의 북쪽에 있으며 7월 평균기온 10℃ 이하에 연 강수량 250mm 이하의 지역이 많은 건조한 지형이고 툰드라 지역 동부는 서부에 비해서 연간 수량이 400~500mm로 비교적 많다.

그리고 로렌시아 남부는 침엽수림으로 연평균 기온이 6℃ 정도이다. 이 지역의 평원 지대는 멕시코 열풍과 북극의 한랭 기온이 맞부딪혀 기후변화가 심한 대륙성 기후를 나타내고 있다. 남동부 호수 지역 일대는 온대성 기후이다.

(5) 천혜의 식자재의 보고의 나라

캐나다에는 대표 음식이라는 게 없으며 다민족 국가인 만큼 대부분 전세계로부터 전해온 먹거리가 대부분이다. 천혜의 자연환경으로 인해 세계 제일의 신선한 식재료를 사용한 여러 나라의 요리의 전시장이라고 할 수 있다. 동서가 바다로 막힌 광대한 국토에는 수많은 호수와 강이 있으며 농업과 목축업에 적합한 토양이 펼쳐져 있어 지역마다 신선한 해산물 · 농산물 · 육류 등 먹거리 재료가 풍요롭다.

1만 년 전 원주민의 유적이 발견된 알버타 주는 특히 목축업으로 유명한데 이곳의 소들은 깨끗한 사육 환경 때문에 세계적으로도 그 품질을 인정받고 있다. 알버타주의 캘거리는 비옥한 넓은 대지로 인해 육류를 이용한 스테이크, 바비큐, 훈제 쇠고기, 육포 등이 유명하며 특히 스테이크와 육포의 품질은 세계 제일로 손꼽히고 있다. 캐나다는 동서로 바다에 접해있고 3천만 개 이상의 호수가 있어 세계적인 어류(담수어와 해수어)와 해산물 수출국이다.

특히 훈제 연어나 연어 구이, 바닷가재 요리, 홍합, 송어, 방어, 가리비(프린스에드워드 섬은 세계적인 가리비 명산지)는 세계적 산지로 불리고 있다.

해산물 뿐 아니라 농산물 또한 양질의 식자재가 생산되는데 특히 캐나다를 대표하는 것 중 하나인 메이플 시럽은 전 세계 생산량의 85%가 캐나다에서 만들어지고 있다. 대부분 퀘벡과 온타리오에서 채취되며, 메이플 시럽이 새로 나오는 봄에는 축제와 행사도 많은데 4월 초, 엘마이라에서 열리는 메이플 시럽 축제가 가장 크고 성대하다.

3) 캐나다의 다문화주의: 문화 모자이크 정책들

캐나다 문화의 일반적 특징은, 같은 이민의 나라인 미국이 인종의 도가니라고 하는데 반하여 캐나다는 인종의 모자이크라는 점이다. '다문화주의'는 캐나다 사회를 잘 나타내주는 말이다. 2개 국어 병용의 테두리 안의 다문화주의(多文化主義)가 문화의 기반이다. 이것은 영국계 · 프랑스계 캐나다인을 하나로 융합할 수 없었던 역사가 어쩔 수 없이 찾아낸 원칙인 듯 하다.

1969년의 공용어법에 의거하여 연방 정부 기관에서는 영어와 프랑스어를 공용어로 병용, 1982년 연방 정부는 헌법에 의해 영어와 프랑스어를 대등한 공용어로 규정하고 소수 언어의 교육권도 인정한다. 언어와 종교를 주축으로 영국계와 프랑스계의 대립과 함께 캐나다의 다

문화 사회를 특징짓는 중요한 요소이다.

세계 각국에서 이주해온 이들은 독자적이고 특색 있는 문화 형태를 만들어내고 있는데, 고국의 문화를 유지하면서 캐나다라고 하는 하나의 모양을 형성하는 모자이크의 한 단편이 되어야 한다는 현실적 요청을 받아들이고 있는 것이다. 1971년 각 인종들의 다양성을 인정하는 다문화주의 정책을 세계에서 처음으로 채택했다. 다문화주의를 통해 캐나다 정부는 인종 · 언어 · 종교에 관계없이 모든 시민들이 평등하다는 개방적인 사회 건설을 추진하고 있다. 교육면에서는 12년의 의무교육이 실시되고 있으며 15세 이하 문맹률은 3%(1986)로 매우 낮다.

소수 민족의 문화와 언어를 존중하고 이를 교육시키는데 투자를 아끼지 않는데 인디언과 에스키모를 위한 학교가 따로 설치되어 있고, 소수민족에 대한 모국어 교육을 장려하고 있는 것도 그 단적인 예이다.

이 원칙은 캐나다 문화의 또 하나의 특징, 즉 미국화로부터 캐나다 독자의 것을 구별하는 데 필연적 요소가 되어왔다.

한편 남쪽에 인접하는 미국과 언어를 같이하는 캐나다에는 미국의 TV · 라디오 · 영화 · 출판물이 장애 없이 자유로이 유입되고 있는데, 이 결과 일어날 수 있는 미국에의 문화적 통합을 막고 있는 것은 세계 각지 출신의 국민들이 고유의 전통을 캐나다 땅에서 계속 지키고 있기 때문이다.

수도는 왜 오타와일까

캐나다 오타와(Ottawa)는 접경의 도시다. 영국 문화와 프랑스 문화의 최접경지에 자리 잡았다. 온타리오 주의 동쪽 끝인 도심에서 다리 하나 건너면 퀘벡 주다. 프랑스색이 짙은 퀘벡주 사람들이 오타와까지 출퇴근하는 일은 다반사다. 캐나다의 수도인 오타와는 태생부터 중간 지대의 성격이 짙다. 위치상 영국계와 프랑스계를 함께 다독일 수 있는 중립 지역이라는 점도 수도로 낙점된 주된 이유였다.

오타와는 두 개의 문화가 공존하는 착시 현상을 불러일으킨다.

3 북미 문화 비교: 미국과 캐나다의 닮은 점과 다른 점

1) 미국과 캐나다의 관계

캐나다와 미국은 같은 언어를 쓰며 같은 다민족 국가로 닮은 점이 많아 명실상부한 긴밀한 우방이다. 한편 미국의 인구는 캐나다의 열 배에 달하지만 1인당 국민 소득은 큰 차이가 없어 서로 간의 묘한 자존심 경쟁이 있는 것이 사실이다. 미국인이 독립 혁명과 남북 전쟁을 겪으면서 애국심을 중요한 가치로 여기는 반면, 캐나다인은 어떤 집단의 일원이라는 것을 중요하게 여긴다.

문화적인 측면에서도 상대적으로 캐나다인은 진보적인 성향을 보여 세계에서 세 번째로 동성 커플의 결혼을 합법화했고, 사형 제도를 반대하고 있다. 물론 캐나다에 있어 미국과의 관계보다 더 중요한 대외 관계는 없다고 할 수 있다. 안보 관계도 그러하고, 캐나다 무역의 약

75%를 점하는 경제 통상 관계(캐나다 무역의 약 70% 이상을 미국과의 무역에서 차지함), 세계 최장의 국경선(8,893km) 공유에서 오는 사회 · 문화 · 생활 관계, 가치의 공유 등으로 세계 어느 나라보다도 미국과 캐나다는 밀접한 관계를 유지하고 있다. 한편 캐나다 국민의 일반적 정서는 캐나다의 정체성 문제에 민감하고 미국과 너무 가까이 하는 것을 경계하는 경향도 있다.

한편 캐나다는 미국의 우방이면서도 미국이 주도한 베트남 전쟁이나 이라크 전쟁에 참전하지 않아, 한때 두 나라의 관계가 불편해지는 원인이 되기도 했다.

2) 세계에서 가장 긴 국경을 마주하고 있는 두 나라

미국과 캐나다는 6,416㎞에 달하는 세계에서 가장 긴 국경을 마주하고 있으며 서로 간의 왕래가 매우 자유로워서 두 나라 사이의 국경을 '열린 국경' 또는 '보이지 않는 경계'라고 부른다.

3) 북미 국가로서의 공통적 문화 코드: 가치관을 중심으로

① 개인주의의 발달로 인해 독립성, 평등성, 사생활 보장, 준법정신이 발달

→ 생활 속에 나타난 개인주의 특성: 햄버거나 샌드위치, 피자의 개인적 취향에 맞춘 선택성

② 타인과의 관계의 중시: 매너와 공공질서의 중요성

→ 눈이 마주치면 웃거나 서로 인사하는 문화: 타인과의 갈등을 야기하지 않으려는 문화

→ 공공질서의 준수를 통해 타인으로 부터의 비난의 대상이 되는 것을 회피

③ 실용성: 형식보다는 실용성 중시가 생활 전반에 나타나고 있음

④ 광활한 국토 면적과 자연환경에서 얻은 여유에서 오는 공간 개념

→ 광활한 토지에서에서 오는 넓은 공간 개념

→ 공공장소에서의 줄서기나 타인과의 대화에서 개인 대 개인의 간격이 매우 넓음: 이는 사생활 보장의 측면도 있음

→ 공공장소에서 서로 양보하는 여유로운 질서 의식

→ 장거리의 운전에도 별 부담을 느끼지 않음

⑤ 낙천성

→ 대화 속에서 great, excellent, wonderful, beautiful, sweety 등의 단어를 매우 많이 사용

→ 이 역시 타인과의 관계를 중시하는 문화 코드로 타인과의 갈등을 야기시키지 않으려는 문화가 숨어 있음

⑥ 다양성

→ 자연 여건으로 인한 다양성: 시간대, 기후와 날씨, 자연자원의 다양성

→ 이민 국가로서의 다양성: 민족과 인종의 다양성, 다양한 생활 문화, 식문화 등

4) 미국과 캐나다가 서로 다른점

● **생활속에서 미국과 다른 캐나다**

① 캐나다는 영어와 프랑스어를 공용으로 쓴다.

② 캐나다의 도량형

→ 미국은 거리나 크기를 나타낼 때 mile이나 feet, yard를 쓰며 무게를 나타낼 때 pound를, 기온은 화씨로 쓴다. 이에 반해 캐나다는 meter, g, kg 등을 쓰며 기온은 섭씨를 사용한다.

③ 다양한 문화를 그대로 수용하고 국가의 한 축으로 삼고자 하는 모자이크 정책

→ 캐나다 내에서 프랑스 문화권, 아시아 문화권 등을 형성하도록 허용하고 있다.

④ 무기소지가 원칙적으로 허용되지 않음

⑤ 사회 보장 제도가 상대적으로 잘 완비되어 있음

⑥ 미국은 야구와 미식축구가 국민 스포츠이나 캐나다는 아이스하키가 국민 스포츠

→ 1870년대에 캐나다에서 처음 시작된 아이스하키는, 종주국으로서 남녀 국가 대표팀 모두 세계 최강의 실력을 자랑하고 있다. 미국은 야구와 미식축구가 국민 스포츠이나 캐나다는 아이스하키가 국민 스포츠

11 호주와 뉴질랜드: 닮은 문화, 다른 문화

제11장

1 호주(Australia)는 어떤 나라?

1) 국가의 기본적 개요

- 수도: 캔버라
- 정식 국가명칭: Commonwealth of Australia
- 언어: 영어
- 면적: 7,741,220㎢ 세계6위(CIA 기준)
  국토 면적이 한반도의 약 35배
- 인구: 약 22,507,617명 세계 55위(2014.07. est. CIA 기준)
- GDP: 1조 2,523억$ 세계 12위(2015 IMF 기준)
- 기후: 1/3은 열대 우림 기후, 나머지는 온대 기후에 속하지만,
  대륙의 20% 정도가 건조한 사막
- 종교: 기독교 67%, 무종교 26%, 기타 7%

• 6개의 자치주와 2개의 특별구로 이루어져 있으며 각각의 주는 하나의 독립된 국가와 같은 강력한 자치권을 가지고 있다. 영국 연방의 일원으로 정치는 영국식 내각 책임제이면서도 연방 제도를 채택하고

있으며 영국 여왕을 수장으로 하고 있지만 실질적으로는 연방 정부는 연방 총독이, 주 정부 6개는 총독이 대표하고 있다. 국토 면적이 세계 6위임에도 불구하고 인구는 2,250만 명 정도로 인구 밀도가 세계에서 가장 낮다. 인구 구성은 유럽계가 92%로 가장 많으며 아시아계 7%, 원주민 어보리진이 1%를 차지한다.

[네이버 지식백과] 오스트레일리아 - 가장 오래된 대륙 (호주에서 보물찾기, 2006., 아이세움)의 자료를 근거로 재편성하였음.

2) 호주에는 언제부터 사람들이 살았나

● 호주 최초의 원주민: 약 3만 년 전 이주해온 에보리진

프톨레마이오스의 세계 지도에는 오스트레일리아 대륙을 인도양의 남쪽에 있는 '미지의 대륙'이라고 기록되어 있다. 프톨레마이오스는 2세기 중엽에 알렉산드리아에서 활동한 그리스의 천문학자로서 천동설의 완성자로 영어로는 톨레미(Ptolemy)라고 부르기도 한다.

최초의 호주인은 약 3만 년 전 아시아에서 이주해온 것으로 추정되며 오랫동안 석기 시대의 생활방식을 유지하면서 가족 또는 부족 단위로 방랑하며 대륙 전체로 흩어져 갔다. 유럽인들이 처음으로 이곳을 찾을 무렵(대략 17세기)까지는 약 30만 명에 달하는 에보리진들이 물이 풍부하고 토지가 비옥한 해안선 지역에 그들만의 독특한 문화를 발전시켰다. 이후 영국인을 비롯한 유럽인들이 오면서 점차로 내몰리기 시작하면서 현재는 약 23만 명 미만으로 호주 총인구의 약 1% 정도에 지나지 않고 있다.

유럽인이 실제로 이 대륙에 들어온 것은 17세기부터이라고 추정하고 있는데 1606년 네덜란드의 두이프겐(Duyfken)호가 대륙 북부의 카펀테리아만(灣)에 내항(來航)한 것이 최초라고 추정하고 있다. 한편 대륙에 최초로(1688) 온 사람은 영국의 항해가 W. 댐피라는 주장도 있다.

이후 영국인 제임스 쿡은 1777년 뉴질랜드에서 오스트레일리아 대륙의 남동단에 이르러 시드니 쪽을 북상하여 보터니만(灣)에 상륙, 다시 북상하여 요크곶 부근의 한 섬에 영국 국기를 게양하고 오스트레일리아 대륙 동부의 영유를 선언하였다고 한다. 뉴사우스웨일스라는 명칭은 이때 생겼으며 이를 계기로 영국령으로 만드는데 결정적 계기를 마련하게 되었다.

3) 호주는 어떤 나라

● 세계에서 가장 작은 대륙이며 가장 큰 섬나라

해안선 무려 2만 킬로미터이며 아프리카보다 다양한 기후와 지형을 지니고 있다. 국토의 70%는 불모의 땅이며 초목이 자라지 못하는 땅으로 대륙 중앙 지역은 사막으로 사람이 거주하기에 적합하지 않은 땅이기도 하다.

● 다양성의 나라

오스트레일리아는 국토가 넓어 지역에 따라 다양한 기후를 가지고 있다. 연평균 강수량이 적어 세계에서 가장 건조한 대륙이다. 대륙 중앙을 비롯한 대부분의 지역이 건조 기후의 사막으로 낮에는 뜨겁고 밤에는 춥지만, 국토의 3분의 1은 열대성 기후에 속해 건기와 우기로 나누어진다. 그리고 동부, 남부, 남서부는 연중 따뜻하고 맑은 날이 많은 기후로 비옥한 곡창 지대이며 인구 대부분은 대륙 동쪽의 해안선을 따라 거주하고 있다.

● 다양한 지역으로부터의 이민을 통한 인종 박물관

이주민의 천국으로 호주 주민 중 약 25%가 외국에서 태어난 사람이며 또 부모 중 한명이 외국에서 태어난 경우가 전체 40%가 넘고 있다.

전세계 200여개 국가에서 온 이주민들로 구성된 나라라고 할 수 있다. 오스트레일리아는 1901년 독립 이후 백호주의 정책을 고수해오다가 1973년 이를 폐지하였으며 이후 아시아계 이민자를 적극적으로 받아들였다.

이후 아시아계 이민이 급증하자 경계심이 고조되어 1991년 투자이민을 제한하고, 자영업 기술이민을 촉진하였다. 호주 정부는 매년 경제상황 등을 종합적으로 고려하여 이민자 수를 결정하는데, 2000년대 들면서 이민자 수가 감소 추세에 있다.

● 화이트 크리스마스의 나라

오스트레일리아는 남반구에 위치하고 있어 계절이 우리나라와 정반대이다. 때문에 오스트레일리아의 여름은 12월에서 3월 사이이며, 크리스마스에도 더운 날씨가 계속된다.

● 메이트쉽(Mateship)의 나라

호주인은 동료 의식이 강한 성향이 있다고 한다. 호주에서는 자신들을 오스트레일리안(Australian)보다는 오지(Aussie: 토박이)라는 말을 많이 사용하는데 에보리진을 제외하고는 이주민들의 후손으로 특히 영국과 아일랜드계 이민의 자손들은 스스로를 오지라고 칭하며 자긍심을 가지고 있다.

→ 이후 제2차 세계 대전 이후 이탈리아, 그리스, 독일, 프랑스 등 유럽의 여러 나라에서 온 유럽계와 인도네시아, 홍콩 등 아시아계가 호주 인구를 구성하고 있다. 이들은 각기 다른 국가와 민족출신이면서 한 국가를 이루고 있기에 메이트쉽이 더 필요한 상황이기도 하다.

● 에보리진의 슬픈 역사와 아픔

호주 정부는 에보리진의 보호정책을 펴고 있으며 법적인 차별은 없으나 그들은 지정된 거주지에서 생활하고 있으며 사회적 차별이 존재하고 있다.

한편 "보이스하우스"라는 곳이 있는데 1970년대까지 호주 정부가 원주민을 백인 사회에 동화시킨다는 명목 아래 원주민과 백인 사이에서 태어난 어린 아이들을 부모에게 떼어내 강제로 서구식 교육을 시킨 곳이기도 하다. 이런 반인륜적이고 비문명적인 정책이 희생자들을 "로스트 제너레이션"(Lost Generation)라고 한다.

그러나 이렇게 강제로 서구식 교육을 시킨 혼혈인들도 여전히 백인 사회에서 구성원으로 받아들여지지 않았다고 한다. 이들 에보리진 이나 혼혈인들이 집단적으로 거주하는 "레드펀"(시드니의 대표적 슬럼가)라는 곳이 있는데 대부분 알콜 중독이거나 마약에 빠져 있어 사회 문제가 되고 있지만 이는 과거 200년간의 호주 원주민들의 고통의 역사를 잘 보여주는 곳이기도 하다.

4) 한국과의 관계

오스트레일리아는 6 · 25 전쟁 때에는 1만 7천 명의 군인을 파견하였다. 이후 1961년 정식 수교를 체결하였고, 1969년의 무역 협정을 시작으로 문화 협정, 어업 협정, 핵 협정 등을 체결하며 교류하였다.

현재 우리나라는 오스트레일리아의 주요 수출 대상 국가 중 하나이며 매년 오스트레일리아를 찾는 우리 관광객과 유학생의 규모가 늘어남과 동시에 오스트레일리아에서도 한국에 대한 관심이 높아져 한국어를 가르치는 곳도 늘고 있다.

호주의 와인 이야기

오스트레일리아는 와인 생산량이 세계 7위이고 세계 4위의 수출을 하는 수출 주도형 와인 생산국이다. 처음 포도 나무를 심은 것은 18세기 남아프리카에서 가져온 묘목을 뉴사우스웨일스에 심은 것으로 높은 온도와 습도로 인하여 실패하였다. 이후 1824년 뉴사우스웨일스주의 헌터 밸리에 스코틀랜드 출신인 제임스 버스비가 프랑스 론 지방의 시라 가지를 심었다. 이때부터 본격적인 포도 재배가 시작되었고 1850년대 골드러시가 시작되면서 영국을 주요 시장으로 비약적인 발전을 이루었다. 주로 강화 와인인 포트 와인, 셰리 와인 등이 생산되었다.

1900년 초반에는 오스트레일리아의 와인 산업이 침체기를 보인 시기이다. 1960년대 들어서면서 유럽 각국의 이민자가 와인 기술을 들여와 1970년대부터는 고급 와인의 생산이 이루어지게 되었다. 최근에 여러 선진 기술이 도입되고 생산 설비가 향상되었음은 물론이고 독창적인 마케팅으로 세계 시장에서 빠르게 성장하였다. 특히 영국과 미국시장에서 오스트레일리아와인의 인기는 프랑스 와인에 앞설 정도이다. 오스트레일리아의 제이콥스 크릭 와인은 세계 판매 1위 브랜드로 알려져 있고 카셀라사의 옐로우 테일은 대중적이고 친숙한 와인으로 미국에 2006년 1,000만 상자를 판매하여 미국판매 1위를 기록했던 와인이다.

[네이버 지식백과] 오스트레일리아 와인 [Australian wine] (두산백과)

호주는 미국과 거의 비슷한 규모를 자랑하는 광대한 토지를 가진 국가로, 전 세계에서 가장 역동적으로 손꼽히는 최첨단 와인 산업을 보유하고 있다. 2000년까지만 해도 호주 와인 생산량은 프랑스 와인 생산량의 1/7에도 미치지 못했지만, 이후 와인 생산량이 급속도로 증가하여 현재 미국으로 와인을 수출하는 나라들 중에서 프랑스를 제치고 이탈리아에 이어 당당히 2위를 차지하고 있다. 호주 와인 산업의 특징을 한 단어로 요약하자면 바로 첨단 기술이다. 대부분의 와이너리가 최첨단 장비를 사용하며 가장 진보적인 기법을 익힌 와인 메이커를 선호한다. 가지치기부터 수확까지 사실상 포도원의 모든 업무가 자동화되어 있다.

호주에는 2,000개 이상의 와이너리가 있으며 드라이하거나 달콤한 와인부터 스틸, 스파클링, 강화 와인까지 모든 유형의 와인을 양조한다. 대략 100여 개의 포도 품종이 재배되고 있으며 가장 대표적인 품종은 샤르도네와 리슬링, 세미용, 카베르네 소비뇽, 쉬라즈 등이다. 물론 그 중에서도 가장 명망 있는 품종은 바로 쉬라즈다. 20세기 동안 호주는 대부분 싸고 달콤하거나 알코올 도수가 터무니없이 높은 와인을 생산했다. 그러나 1960년대 들어 고품질 드라이 와인에 역점을 두면서 와인 산업도 급격히 변화했다. 1980년대 중반이 되자 호주 와인, 특히 과일향이 가득한 샤르도네와 꿀 같은 세미용 그리고 자두 맛이 나는 잘 익은 쉬라즈 등은 세계적으로 유명해졌고 영국을 비롯한 몇몇 국가들은 호주 와인에 완전히 매료당했다.

[네이버 지식백과] 호주의 와인
(세계의 유명 와인 산지)

2 뉴질랜드(New Zealand)는 어떤 나라?

1) 국가의 기본적 개요

- 수도: 웰링턴(Wellington)
- 언어: 영어, 마오리어
- 면적: 267,710㎢ 세계 76위(CIA 기준)(한반도의 1.2배)
- GDP: 1,917억$ 세계 49위(2015 IMF 기준)
- 1인당 GDP: 4만 2,017$ 세계 19위(2015 IMF 기준)
- 종족 구성: 유럽인(56.8%), 아시아인(8%), 마오리족(7.4%), 태평양 섬주민(4.6%), 혼혈(9.7%), 기타(13.5%)

행정 구역은 16개 주(region)와 준주(territory)인 채텀 제도로 이루어져 있다. 오세아니아, 남태평양의 섬, 오스트레일리아 남동쪽에 위치한 영연방 국가이다. 남서태평양에 있는 섬나라로, 북섬과 남섬 2개 섬으로 이루어진 본토와 여러 섬 및 제도(諸島)를 국토로 한다.

1840년 와이탕기 조약에 따라 영국의 식민지가 되었다가 1907년에 독립하였으나 영국 연방의 일원으로서 형식적으로 영국 국왕을 국가원수로 하는 입헌 군주제를 유지하고 실질적으로는 의원 내각제 형태다.

• 과거 영국의 식민지였던 뉴질랜드는 독립한 뒤에도 여전히 영국 연방의 일원으로 남아, 영국의 엘리자베스 2세 여왕이 국가 원수를 맡고 있다. 영국 국왕의 대행자인 총독이 5년의 임기로 파견되지만 이것은 정치적 상징일 뿐, 뉴질랜드 내에서 선출된 총리와 내각이 이끄는 의원 내각제를 구성하고 있다. 전체 인구는 약 450만 명 정도로, 세계적으로 국토에 비해 인구가 적은 나라이다.

• 지구 남반구에 위치한 뉴질랜드는 우리나라 계절과 반대로 12월에서 2월이 여름, 6월에서 8월이 겨울이다. 남극에 가까운 남섬이 북섬에 비해 추운 편이지만, 전체적으로 해양성 기후에 속해 1년 내내 온화한 편이다.

2) 우리나라와 뉴질랜드의 관계

우리나라와 뉴질랜드의 관계는 1949년 7월 한국을 정식 승인하였으며, 1950년 한국 전쟁 때부터 시작되었다고 할 수 있다. 한국 전쟁 때는 총 5,350명이 영국 연방으로 참전하였다. 이때 45명이 전사했고 그중 37명은 부산의 유엔 기념 공원 안장되었으며 참전 용사 기념비에는 영어, 마오리어, 한국어로 비문이 새겨져 있다. 한국 전쟁 당시 뉴질랜드 병사가 부른 마오리 민요 〈포 카레카레 아나〉는 우리말로 가사를 바꾼 〈연가〉(비바람이 치는 바다~로 시작하는 노래)라는 곡으로 잘 알려지기도 했다. 이후 우리나라와는 1962년 외교 관계가 수립되었다. 또한 1964~72년까지 베트남 전쟁에 군대를 파병하였다.

현재 오클랜드를 중심으로 3만 명 이상의 교민이 살고 있으며, 뉴질랜드는 우리나라와 여러 방면에서 활발히 교류하고 있다. 경제면에서 우리나라는 뉴질랜드로부터 원목, 양모 등의 원자재를 수입하고 철강, 자동차 등의 공산품을 수출하고 있다.

3) 뉴질랜드는 어떤 나라

(1) 청정의 나라

뉴질랜드는 마오리어(語)로 '길고 흰 구름의 땅'이라는 뜻인 아오테아로아(Aotearoa)라고 불린다. 뉴질랜드는 오스트레일리아 대륙에서 남동쪽으로 약 2,000㎞ 떨어져 있는 섬나라로, 총면적은 한반도의 1.2

배 정도인 267,710㎢에 이른다. 두 개의 큰 섬과 여러 개의 작은 섬들로 이루어져 있는데, 큰 섬 두 개는 쿡 해협을 사이에 두고 북섬과 남섬으로 나뉜다. 뉴질랜드 전체 인구의 75% 이상이 살고 있는 북섬에는 수도 웰링턴과 오클랜드 같은 주요 도시가 있으며, 남섬에는 빙하 지형을 비롯하여 오염되지 않은 자연 경관이 아름답게 펼쳐져 있다.

● 뱀과 독성 해충이 없는 나라

특히 뱀과 독성 해충이 없는 나라를 지키기 위해 외래종 유입을 철저하게 막고 있다. 동, 철 성분 등이 다량 함유되어 있고, 습기가 많아 뱀이 서식하지 못한다고 한다. 뉴질랜드는 포유류보다 새들의 종류가 많아 약 250종의 새들이 서식하고 있다. 사람들이 이주한 이후 낮은 지대의 늪과 습지대에 사는 고유 동식물 85%가 멸종되었다. 해치는 동물이 없어 날지 못해도 사는 데 지장이 없었던 모아새(멸종)나 키위새는 이들 외래종의 유입으로 인해 다른 동물들에게 먹히기 때문에 생존의 위기에 있는 것이다. 뉴질랜드는 지난 60년까지는 고래를 잡았지만 지금은 열렬한 고래 보호국이다. 이 때문에 뉴질랜드 검역 당국은 외국에서 입국하는 사람과 화물에 대해 검역을 철저히 한다. 피해를 주는 동식물의 유입을 막기 위해서이다.

● 세계 두 번째의 국립 공원이 있는 나라

전국적으로 13개의 국립 공원을 갖고 있으며 이중 '통가리로 국립 공원'과 '테와히포우 나무 국립 공원'은 세계 유산으로 지정되었다. 특히 통가리로는 미국의 '옐로스톤 국립 공원'에 이어 세계에서 두 번째로 세워진 국립 공원이다. 또한 13곳의 해양 보호 구역이 지정되어 있다. 여타 지역에서는 이미 사라진 신생대, 중생대의 생물이 많이 발견되고 있는데 그 이유는 약 8천 5백만년 전인 백악기때부터 다른 대륙과 격리되어 온 직접적인 결과이다. 이런 이유로 뉴질랜드는 뉴칼레도니아와 함께 유일하게 뱀이 없는 지역이다.

(2) 마오리와 파케하가 공존의 나라

마오리는 '평범한, 보통'이라는 뜻으로 뉴질랜드 원주민들이 스스로를 일컫는 말이다. 또 파케하는 '얼굴 흰 이방인'이란 뜻으로 뉴질랜드에 온 유럽인을 처음 본 마오리인들이 외친 말이라고 한다. 뉴질랜드는 먼저 이 땅에 살던 원주민인 마오리인과 영국, 네덜란드, 독일 등 유럽 각지에서 이주한 파케하가 함께 살고 있는 나라이다. 서양인들이 처음 뉴질랜드로 이주한 19세기 초반 이후 이민자들의 수는 계속해서 늘었고, 이 때문에 한정된 땅을 둘러싸고 마오리와 파케하 사이에 분쟁이 벌어지기도 했다. 이 분쟁으로 인한 전쟁으로 마오리족이 큰 피해를 입기도 했고 아직도 여전히 불평등한 부분은 남아 있는 것이 사실이다. 하지만 모두가 뉴질랜드라는 땅에서 공존해야 한다는 인식 아래 마오리족의 언어와 전통 문화를 서로 존중하고 지켜나가는 모습은 뉴질랜드가 공존의 나라임을 보여주고 있다.

한편 언어는 영어와 마오리어가 공용어로 사용되고 있으며 대부분의 표지판 등에도 마오리어가 표기되어 있다. 그리고 마오리족은 법적으로 평등한 권리를 부여받고 있다. 마오리족의 전통 문화를 대부분의 학교에서 모든 국민이 배우고 익히게 하고 있다. 하카춤, 마오리 언어로 방영되는 방송, 마오리 당 등 마오리족의 지명과 언어가 함께 사용되는 사례(마너와투-왕거누이, 와이카토, 타라나키, 아카로아, 오, 타우랑가)가 그 예이다.

와이탕기 조약의 체결 배경과 주요 내용

와이탕기 조약(Treaty of Waitangi)은 1840년 2월 6일, 뉴질랜드 북섬 와이탕이에서 당시 무력 충돌이 끊이지 않았던 원주민 마오리족과 영국과 체결된 조약이다.

와이탕기 조약과 내용

모든 마오리족은 영국 여왕의 신민이며, 뉴질랜드의 주권을 왕권에 양보한다.

마오리 토지 보유권은 보장되며, 그 토지는 모두 영국 정부를 통해서 판매된다.

뉴질랜드는 영국 국민으로서의 권리를 인정받는다.

19세기 초 뉴질랜드에는 아일랜즈 만 등지를 찾아온 무역 업자나 포경선, 물개 잡이 등의 행동으로 마오리족 원주민들은 불안해했다. 머스켓의 보급과 19세기 초에 벌어진 일련의 머스켓 전쟁은 마오리의 인구를 급감시켰다.

1840년 마오리족은 자신들을 보호해주는 대가로 뉴질랜드의 통치권을 영국에 양도하는 와이탕기 조약을 체결하였다.

그러나 영국의 식민화가 진행됨에 따라서 토지 강탈 등 다양한 측면에서 마오리족과 영국 간에 분쟁이 생겼고, 1843~1870년 사이에는 두 차례에 걸쳐 마오리 전쟁이 일어났다. 이에 영국은 마오리족에 대해 유화 정책을 펴는 한편, 식민지 회의에 마오리족 대표를 참가시키는 등 온건파 회유에 노력하여, 1870년부터는 인종 분쟁이 감소하고 마오리족의 영국화가 시작되었다. 이후에 와이탕기 조약의 불평등한 측면에 마오리족이 대대적으로 항거하여 수정 보완되기도 하였다. 여전히 와이탕기 조약의 불평등한 조항이 남아 있기는 하지만 양측의 원만한 합의로 마오리족과의 공존관계 설정을 통해 갈등을 해결하고자 한 노력은 다른 식민지에서는 좀처럼 찾아볼 수 없는 사례라고 할 수 있다.

이는 아마도 영국 본토와의 엄청난 거리로 떨어져 있어 통치에 어려움이 있는 동시에 지하자원 등의 메리트가 없기 때문이라고 한다.

참고자료

1. 마오리족에 대해

폴리네시아계의 해양 종족으로 유럽인의 내항(來航) 전에는 20~50만으로 추정되었다. 인구가 유럽인과의 접촉 이후 19세기 말에는 약 4만으로 격감하였으나, 현재는 20만까지 회복되어 뉴질랜드의 총인구 중 약 7.5%를 차지하며, 말레이-폴리네시아 어족에 속한다.

뉴질랜드 차탐 제도(諸島)의 원주민인 모리오리족(純血 모리오리는 1933년에 절멸)을 선주민의 한 파로 보고, 모리오리가 거대한 모아섬에서 수렵을 하였다고 해서 이를 '모아 헌터'(Moa-Hunter)라고 부르고 마오리족 이전의 선주민으로 간주하여왔다. 그러나 제2차 세계 대전 후 고고학적 조사가 진행되어 '모아 헌터'를 마오리족의 조상으로 보게 되었다. 마오리족은 아마도 동부 폴리네시아의 소시에테 제도에서 쿡 제도를 경유하여 몇 차례에 걸쳐 건너 왔으며,

그 중에서도 가장 큰 규모의 이주는 14세기에 있었던 것으로 추정된다.

마오리족은 열대 폴리네시아의 고향에서 타로 감자 · 얌감자 · 고구마 · 조롱박 등 4가지의 작물과 개를 가지고 들어왔다. 마오리족의 문화는 1769년 영국의 J.쿡 선장(船長)이 이 섬에 도착할 때까지 고립된 환경 속에서 독자적인 발전을 해왔다. 이 무렵의 마오리족은 대부분이 북도(北島)의 북반도(北半島)에 분포되어 땅을 파는 막대기와 호미 비슷한 일종의 삽만을 농구로 하여 원시적인 농경 방법으로 주로 고구마를 재배하였다. 그들은 울타리를 만들거나 도랑을 파서 주위를 둘러싸고 '파'라고 하는 방어적인 취락에 거주하며, 대가족 단위 혈연 친족 집단을 이루어 뚜렷한 신분적 계층 분화로 귀족 · 평민 · 노예의 구별과 사회적 분업을 형성하였다. 특히 목조(木彫)를 비롯한 공예가 발달하였고, 그 결정이라 할 장려한 집회소가 있다. 또 녹석(綠石)을 가공하여 돌도끼나 티키 신상(神像)을 만들고 장신구로도 사용한다. 아마(亞麻)를 짜서 옷감으로 사용하고, 남자는 얼굴에 정교한 문신을 하며 귀[耳]의 장식도 정밀하다.

종교는 해신(海神) · 삼림신(森林神) 등 다신교이며, 많은 터부가 있는 등 봉건적인 사회였으나, 현재는 근대 문화에 적응하는 생활을 하고 있다.

[네이버 지식백과] 마오리족 [Maori, 一族] (두산백과)

2. 하카춤

마오리 하카(Haka)는 뉴질랜드의 원주민 마오리족의 민족 춤이다. 원래는 원주민들과의 전쟁에서와 부족 간의 전쟁에서 자신의 힘이 강하다는 것을 보여 주기 위해서 하는 춤에서 비롯되었다. 지금은 주로 뉴질랜드 럭비 대표팀인 올블랙스가 국가 연주 후 선보인다. 간단히 하카라고도 하며, 영어로는 워 크라이(War Cry)라고도 한다.

(위키백과사전에서 인용)

(3) 우리가 모르는 뉴질랜드의 흥미로운 이야기

- 양이 사람보다 많다
- 여성에게 세계 최초로 투표권을 부여한 나라(1893년)
- 세계 최초로 하늘을 난 사람의 탄생(라이트 형제보다 2년 앞선 1902년, Richard Willian Pearse)
- 인구 대비 골프장과 요트를 많이 갖고 있는 나라 등

동성 결혼은 뉴질랜드에서 2013년 8월 19일부터 합법으로, 2013년 4월 17일 뉴질랜드 의회에서 찬성 77표, 반대 44표로 통과되어 4월 19일 왕실의 재가를 받았다. 법안 통과 이후 내무부의 관련 서류와 실습 등의 변경 준비 기간 4개월을 거친 뒤 정식적으로 시행되었다. 뉴질랜드는 오세아니아에서는 최초로, 남반구에서는 4번째로 동성 결혼을 허용한 국가이다.

뉴질랜드 국회는 법적으로 뉴질랜드 왕국 내에서 오직 뉴질랜드 본토와 태평양 내 일부 부속도서 내의 결혼법만을 입법 및 개정할 수 있다. 그렇기 때문에 자치를 유지하고 있는 쿡 제도와 니우에, 토켈라우

에선 동성 커플에게 결혼 증명서를 발급하거나 뉴질랜드의 결혼 증명서를 인정해주지 않는다.

3 호주와 뉴질랜드의 공통 문화에 대하여

1) 두 나라의 공통점 11가지

- 청정한 자연 생태가 풍요로운 국가이다.
- 이민자들의 국가로 다양성이 인정되는 국가이다.
- 영국 연방 국가로서의 자부심과 자긍심이 있다.
- 원주민의 희생이 따랐던 국가이다.
- 캡틴 쿡에 의해 발견되었고 개척되었다.
- 영국인이 지배했었고 20세기 초에 독립했다.
- 백인들 최초의 거주인들은 죄수들이었다.
- 원주민이 있었으나 백인들이 주류 사회로 정착했다(호주: 아보리진, NZ: 마오리).
- 현재도 영국의 엘리자베스 2세 여왕이 국가 원수로 되어 있다.
- 정치 구조가 같다(의회 민주주의).
- 영어의 근본은 영국식 영어이다.

2) 원주민과 이민자들의 관계와 문화 공존 형태

(1) 호주의 에보리진의 사회적 지위와 전통문화

법적으로는 불평등이 없지만 여전히 사회적 차별이 존재하며 박제화된다. 구경거리에 불과한 원주민 전통문화는 여전히 숙제이기도 하다. 또한 백인의 땅이라는 인식인데 원주민의 정체성보다는 이주민이 개척했다는 의미가 강한 인식이 있는 것이 현실이다.

(2) 뉴질랜드의 마오리족의 사회적 지위와 전통문화

원주민으로서의 어느 정도의 권리 확보가 되어 있다는 점에서 다행이라고 할 수 있다. 그리고 다소나마 마오리족의 전통문화는 뉴질랜드의 정체성임을 인정하고 있다.

각종 국제 스포츠 출전 국가대표 팀이 하카춤을 추며 뉴질랜드인으로서의 자긍심을 함께 공유하고 있다. 공용 언어로서의 마오리어의 인정과 실질적으로 사용한다는 점도 주목할 만하다.

(3) 오스트레일리아-뉴질랜드 군단

영어: Australian and New Zealand Army Corps) 또는 앤잭 군단(-軍團, 영어: ANZAC Corps)은 오스트레일리아(호주)와 뉴질랜드의 연합 군단을 가리킨다.

ANZAC은 1914년 제1차 세계 대전 발발 이후에 편성되었다. ANZAC은 원래 군단만 가리키는 약어였지만, 후에 제1 ANZAC 군단, 제2 ANZAC 군단이 편성되는 등 ANZAC에서 유래된 약어로 사용하게 되었다. ANZAC 기마병 사단도 편성되었다. 제2차 세계 대전에서도 ANZAC은 편성됐다. 베트남 전쟁 당시에도 왕립 뉴질랜드 보병 연대 소속 2개 중대가 왕립 오스트레일리아 연대의 대대에 배속되어 참전했기 때문에, ANZAC의 접미사를 붙여 불렸다.

2006년 동티모르의 소란 시에는 ANZAC 전투단(ANZAC Battle Group)이 편성되어 양국 합동으로 부대를 파견하고 있다. 오스트레일리아와 뉴질랜드는 모두 영국의 옛 식민지이고, 지리적으로 남반구의 가까운 위치에 있고, 동맹 관계에 있다. 사실상 독립 후 얼마 되지 않은 시기에 제1차 세계 대전에 참전하고 합동 부대가 격전을 싸운 것은 양국의 자립과 유대가 심화되었다. 따라서 양국의 전쟁 추모일을 앤잭데이라고 하며 오스트레일리아 뉴질랜드 군단이 처음 투입된 갈리폴리 전투에 연유하여 4월 25일이다. 또한 ANZAC 정신(ANZAC Spirit)이라는 양국 병사가 보여준 기풍을 의미하는 말도 만들어져있다.

(4) 커피 문화

롱 블랙(영어: Long black)은 커피의 한 종류로, 호주와 뉴질랜드에서 주로 마시는 것으로 알려져 있다. 뜨거운 물(보통 에스프레소 머신에서 데워진) 위에 에스프레소 샷 두 잔을 더해 만든다. 롱 블랙은 아메리카노와 비슷하지만, 아메리카노는 에스프레소 샷에 뜨거운 물을 더하는 것과 달리, 크레마가 남고, 양이 더 적다. 그러므로 더욱 강한 풍미를 느낄 수 있다.

롱 블랙을 만드는 순서는 매우 중요하다. 순서가 바뀔 경우, 에스프레소 추출 시 함께 나오는 거품인 크레마가 없어지게 된다. 호주에서 숏 블랙(Short black)은 기본적인 에스프레소와 동의어이다.

(5) 티트리

티트리는 1770년 영국의 탐험가인 제임스 쿡 선장에 의해서 최초로 발견되었다. 항해로 지친 선원들의 비타민C 보충을 위해 식물학자 조셉 뱅크와 신선한 차를 찾던 도중 호주와 뉴질랜드 해안 일대에서 발견하였다. 티트리 나무 주변의 물이 붉은 갈색으로 변해있어 홍차와 비슷하다고 생각하여 차로 마시기 시작했고, 이것이 tea tree라는 이름의 유래가 되었다.

티트리는 오일의 형태로 증류하여 사용하는 경우가 많은데, 항균성과 항진균성 등의 효능이 있는 것으로 입증되었다. 제2차 세계 대전 중에는 피부 창상의 치료제로서 열대 지방 군인에게 지급되어 상처를 치료하는데도 쓰였다고 한다. 항균성, 항진균성이라는 효능 때문에 상처 소독제, 여드름 진정제, 무좀 치료제, 호흡기 질환 치료제 등 약제나 화장품의 형태로 다양하게 사용되고 있다. 하지만 자극성이 강하기 때문에 원액을 희석시켜 사용하는 것이 좋다

Memo

제12장

12 슬로시티와 슬로푸드의 나라 이탈리아

1 이탈리아는 어떤 나라?

(1) 이탈리아의 일반적 개요

공식 명칭: 이탈리아 공화국(Italian Republic)
언어: 이탈리아어
면적: 301,340㎢ 세계 72위(CIA 기준)
인구: 약 61,680,122명 세계 23위(2014.07. est. CIA 기준)
GDP: 1조 8,428억$ 세계 9위(2015 IMF 기준)
1인당 GDP: 30,594$ / 세계 27위(2015 IMF 기준)
종교: 가톨릭 98%
정체 · 의회 형태: 공화제, 양원제
국가 원수/정부 수반: 대통령/총리
독립 년 월 일: 1861. 3. 17
화폐 단위: 유로(euro/€)

지중해 중앙부, 북서에서 남동으로 약 1200km에 걸쳐 장화 모양을 한 반도와 시칠리아 · 사르데냐 두 섬으로 구성된다. 남유럽의 중심으로 지중해를 수직으로 가로지르면서 북유럽과 아프리카 대륙을 이어주는 반도의 역할을 하고 있다. 북쪽은 알프스 산맥을 경계로, 프랑스 · 스위스 · 오스트리아, 슬로베니아와 접하며, 동쪽은 아드리아해(海), 서쪽은 티레니아해에 면해 있다.

이탈리아 반도는 발칸 · 이베리아 반도와 함께 남유럽의 3대 반도의 하나로서 동(東)지중해와 서(西)지중해 사이에 위치하기 때문에 자연 · 문화면에서 발칸과 이베리아 반도와는 달리 순수한 유럽형을 이루고 동시에 지중해 지역의 특색을 가장 잘 나타낸다.

행정 구역은 15개주(regione)와 5개 자치 지역(regione autonoma)으로 되어 있다. 인종은 프랑크를 비롯하여 여러 게르만 종족들과 로마제국의 후손들이 함께 공종하고 있다. 로마, 밀라노, 나폴리 등의 일부 도시를 제외하고는 계절의 변화를 배경으로 나름대로의 다른 생활 방식이 유지되고 있다.

(2) 이탈리아는 어떤 나라?

● 전통적인 생활 방식과 자연을 사랑하는 나라

이탈리아 사람들은 비교적 인근 유럽지역의 국가들에 비해 자연 친화적이고 전통적 생활 방식에 대한 애착이 강하다.

● 다양한 산업이 발달한 나라

산지가 많아 경작지가 적지만 일찍부터 농업과 목축업이 성하였는데 옥수수, 밀, 쌀 등의 곡류 생산량이 많으며 올리브, 포도, 레몬, 오렌지 등 지중해 작물도 풍부하다. 올리브와 포도는 주요 수출품이며 북부 지방은 낙농업이 발달하였다.

반면 밀라노, 제노바, 토리노 등지의 북부 지방에서는 면직물, 기계, 화학, 자동차, 항공기, 조선공업이 발달되어 있다.

● 사교적이며 관계 중심적인 국민성

가족 중심적인 생활을 즐기며 자기감정 표현을 솔직하게 하며 매우 적극적이고 사교적인 국민성을 지니고 있다. 형식이나 룰, 원칙보다는 사적인 관계와 자기 감정을 상대적으로 더 중요시하고 있는 점이 인근 서유럽의 국가들과의 큰 차이점이기도 하다. 한편 동포 의식이나 지역 연대 결속이 매우 강한 편이여서 지역 감정도 다소 심한 편이기도 하다.

● 지역간 경제, 문화 차이가 큰 나라

공업 중심인 북부와 농업 중심의 남부 지역간의 경제 지표와 소득 차이가 큰 편이며 사람들의 기질도 차이가 있어 북부와 남부 사이의 경제적 불균형과 아울러 문화적 갭으로 인해 국가적 문제로 대두되기도 한다.

● 세계적 명품을 생산하는 중소기업의 나라

서유럽의 인근 국가들과 비교할 때 중소기업의 수가 많으며 세계적 패션 명품, 자동차 등 이탈리아의 수많은 명품들이 대부분은 가족 기업 혹은 중소기업에서 생산되는 제품이 많다.

● "빛나는 태양의 나라"라고 불리는 국가 전체가 살아있는 역사 박물관

2,000년이 넘는 역사적 유적지가 곳곳에 흩어져 있으며 중세 도시들이 거의 원형을 유지하고 있는 오늘날까지 이어져 내려오는 수많은 도시유적이 자랑거리이기도 하다.

● 고대 유산과 첨단인 공존하는 국가

기원전 유적이 남아있으며 곳곳에 수천 년 된 건축물들이 관광 자원으로 활용되는 동시에 시민의 일상 생활에서도 활용되고 있는 반면 최첨단의 자동차와 패션이 넘쳐나는 화려한 모습들이 공존하고 있다.

● 세계적 도시를 많이 갖고 있는 나라

나폴리, 로마, 밀라노, 베네치아, 베로나, 볼로냐, 시에나, 제노바, 토리노, 팔레르모, 폼페이, 피렌체, 피사 등 한 국가가 이렇게 많은 세계적 도시를 갖고 있다는 것은 큰 브랜드 파워이기도 하다.

(3) 우리나라와의 관계

우리나라와 이탈리아와의 최초의 교류는 16세기 말 중국과 일본에서 활동하던 선교사들에 의하여 이루어졌다고 볼 수 있는데 1884년 6월 26일에는 이탈리아 왕국과 대한 제국 간에 "친선 통상 항해 조약"이 체결됨으로써 양국간의 수교가 공식화되었다. 1902년 이탈리아 왕국은 서울에 영사관을 열기로 결정하였으며, 최초 주한 이탈리아 영사직에 프란체세티 말그라가 파견되기도 하였다.

한국 전쟁이(1950-1953) 때 이탈리아는 당시 유엔 회원국이 아니었음에도 불구하고 적십자 128명의 의료진을 파견하여 인도적 차원의 의료 활동을 지원을 하였으며 1956년 11월 양국간 외교 관계가 공식적으로 재개되어 1957년부터 양국 공간이 다시 재개하게 되었다. 1959년 4월 16일 이탈리아의 공관이 주한 이탈리아 대사관으로 승격되기도 하였다.

현재 한국과 이탈리아는 정치적. 다자 외교적 분야에서 민간과 국가간 차원에서의 다양한 교류를 하고 있으며 2014년에는 한·이 수교 130주년을 맞이하여 이를 기념하는 수교 130주년 행사들을 다양하게 양국에서 개최하기도 하였다.

2 이탈리아의 음식 문화와 슬로푸드

(1) 이탈리아의 식사 문화 특징

- **식탁 문화: 외식보다는 가족이 모여 함께 식사하는 전통이 강함**

가족 식탁의 오랜 전통은 가족 간의 교류와 가정 교육의 장으로 이어지고 있으며 저녁 식사만큼은 가족들이 모여서 하는 것이 전통이기도 하다.

- **이탈리아의 전형적 요리: 스파게티, 피자, 에스프레소**
- **지역마다의 다양한 식재료와 양념으로 인한 먹거리 문화의 풍부함**

국토가 장화 모양으로 아주 길어서 기후대와 지형이 다양하다. 여러 가지 농산물과 신선한 해산물, 마늘 등의 향신료는 물론 지역마다 색다른 식자재와 요리법이 발달하게 되었다. 조리법과 향신료의 발달로 다양하고 독특한 양념이 발달하였는데 올리브, 레몬, 포도주, 식초, 소금, 토마토 소스와 마늘 등이 주로 양념으로 쓰이곤 한다.

- **식문화의 특징: 음식과 요리는 자신들의 삶의 원칙이며 자부심이라는 긍지**

첫째, 식사 직전에 음식을 요리하는 것이 원칙이다. 특히 레스토랑에서 주문 후 조리를 시작하기에 30분 정도의 기다림은 상식으로 통한다.

둘째, 식자재는 원칙적으로 냉장이나 냉동 보관하지 않는다. 냉동식품의 기피, 매일매일 필요한 분량만큼만 구매하는 소비 패턴이 일상적이라고 할 수 있다. 특히 인근의 가게나 장터(농부 장터, 지역 농산물 장터 등)에서 필요할 때마다 신선한 것을 구입하기에 대형식품마트 등이 성행하지 않는 것이 특징이다.

셋째, 인스턴트 식품이나 냉동 식품을 기피하는 성향이 강하며 탄산음료, 즉석 식품에 대한 기호도가 높지 않다.

넷째, 지역마다의 독특한 와인, 치즈, 발사믹 식초 등을 기본으로 한 메뉴와 식단이 대부분이다.

다섯째, 모든 인간 관계의 출발은 서로(각자의 지역이나 집안)의 음식을 대접하고 함께 먹는 데서 출발한다고 생각한다.

(2) 슬로푸드 운동

● Slow Food Movement

1986년 패스트푸드의 대명사인 미국의 맥도날드 햄버거가 이탈리아에 상륙한 것을 계기로 촉발되었으며 속도를 중시하는 현대 산업사회의 특징을 상징하는 패스트푸드를 추방하고 자국의 전통 식단을 포함한 식문화 전통과 인간성 회복의 명분으로 시작되었다. 이후 1989년 프랑스의 파리에서 슬로우 푸드 선언문을 채택한 이후 오늘날 전 세계로 확대되었다.

● 슬로푸드 운동의 철학과 개념

인간의 먹거리는 지역의 전통과 역사 그리고 그곳에서 살고 있는 사람들의 정체성을 나타내는 것이기에 섣불리 산업화, 거대 자본화 되어서는 안된다는 인식에서 출발되었다. 특정 지역에서 사는 사람들은 각자 그 지역의 전통 음식, 그 지역 자연에서 재배된 음식을 먹는 것이 지구 생태계를 온전하게 지켜나가는 지름길이라는 것을 인식하게 되었다. 만약 전 세계인이 산업화되고 표준화된 먹거리로만 살아간다면 각 지역의 토종 품종과 생물의 종은 사라지게 될 것이고 지역의 식문화를 둘러싼 다양한 역사적, 문화적 유산마저도 모두 잃게 될 것이라는 점은 시사하는 바가 크다.

따라서 그 지역의 전통적, 자연적 순리에 의해 재배되고 생산된 먹거리를 지키자는 운동이 슬로푸드 운동이며 이러한 슬로푸드 운동은 이름은 서로 달리하고 있지만 전 세계 각지에서 이루어지고 있다. 예를 들면 우리나라의 신토불이(그 땅과 내 몸은 하나이기에 사람은 자기가 태어난 땅에서 재배된 음식을 먹어야 한다), 일본의 地産地消 운동(그 지역에서 난 생산품은 그 지역에서 소비하자), 푸드 마일리지(식자재의 이동거리를 최소화하자) 등은 슬로푸드 운동 정신과 맥을 같이 한다.

다시 말해 슬로푸드운동이란 단순히 인스턴트 식품이나 패스트푸드 배척 운동만을 의미하는 것이 아니라 지역의 자연 생태계가 잉태하고 지역의 전통 문화가 키워낸 제대로 된 먹거리를 먹자는 운동이다.

3 슬로시티(cittaslow)란 무엇인가

(1) 슬로시티란

1999년 이탈리아의 그레베인끼안티라는 작은 도시에서 시작된 운동으로 지역의 "자연"(녹색환경)과 "전통문화", "전통 음식"(슬로푸드)을 통해 지역민 스스로가 지역의 정체성을 지키면서 경제 발전과 행복을 동시에 이루어가자는 이른바 "녹색 문화 커뮤니티 운동"이다.

이탈리아에서 가장 먼저 시작된 운동으로 정식 명칭은 이탈리아 표현으로 사용되는데 국제적 정식 명칭은 cittaslow라고 한다.

이탈리아의 토스카나 키안티(Chianti)지역의 그레베(Greve)시의 시장 파올로 사투르니니(Paolo Saturnini)에 의해 시작되었고 인근의 작은 도시 5곳이 함께 연맹을 결성해서 시작한 운동이다. 슬로시티의 이탈리아적 표현인 치따슬로(cittaslow)는 1990년대 후반부터 이탈리아의 그레베 인 끼안티(Greve in Chiantti)에서 시작된 느린마을, 여유마을의 의미로 대도시와 반대되는 개념 만들기 운동이다. 지역이 원래 갖고 있는 고유한 자연환경과 전통문화를 지키면서 지역민이 주체가 되는 지역 살리기 운동인 것이다.

빠르게 변화하고 살아가는 도시인의 삶에 반대되는 개념으로서 자연환경 속에서 자연을 느끼며 그 지역의 먹거리와 독특한 문화를 느끼며 살아가는 도시와 마을 만들기 운동이라고 보면 된다.

슬로시티운동은 원래 이탈리아의 작은 도시에서 시작되었다. 대도시 부근의 작은 마을 그레베 인 끼안티라는 마을이 있었는데 인구 감소, 소득 감소, 자연환경 훼손이 심각한 마을의 문제였다. 이를 해결하기 위해 시장은 인근의 대도시와는 정반대의 구상을 하자고 마을 사람들을 설득했다. 즉 중소 규모의 지방도시, 농·산·어촌 등에서 대규모 건설이나 자연 훼손은 자제하면서 마을 주민 스스로가 마을의 고유성을 찾기 위한 노력을 호소했다. 주민 협의체를 구성하여 지역 상가의 자동차 진입 방지, 전통식품을 전통적 방식으로 만들기, 유기농 식자재 사용하기, 마을의 전통문화 살리기 등을 실행하면서 지역의 전통 음식과 생태 음식 등 마을의 특산품이 유명해지고, 지역 상가는 활성화되고, 지역을 방문하는 관광객도 조금씩 늘기 시작해 마을 내 민박과 식당이 성황을 이루게 되었다. 그리고 관광객의 증가에 따른 지역의 부동산 폭등을 막기 위해 외지인에 의한 부동산

매입과 투자 자치 규약으로 금하기도 하였다. 이후 유럽의 많은 도시들이 이러한 철학에 동참하고 연맹체를 결성하게 되었다. 연맹체에 가입한 도시들은 치따슬로 달팽이 마크를 사용할 수 있으며 청정마을, 행복한 자립 마을이라는 이미지가 강해 관광객의 증가, 지역 상권의 활성화, 특산품의 가치 향상의 효과를 거두고 있어 전 세계적으로 가입도시들이 증가추세에 있다.

(2) 치따슬로의 조건

● 가입을 위한 기본 정책과 조건

자연 생태 보전, 전통문화, 지역의 특산품과 전통 음식이 전승되고 있어야 하며 지역 주민과 지역 내 청소년들에게 지역의 녹색 문화 환경과 전통문화와 음식에 관한 교육과 커뮤니티 활동이 이루어져야하며 이에 관련한 조례가 제정되는 등 지자체의 정책방향이 있어야 한다.

표 1. 치따슬로에 가입하기 위한 평가 항목 대분류

대분류	소항목 수
1 에너지 및 환경 정책	12
2 인프라 정책	9
3 도시 삶의 질 정책	17
4 농업, 관광 및 전통 예술 보호 정책	10
5 방문객 환대, 지역 주민 마인드와 교육	10
6 사회적 연대	11
7 파트너십	3
합 계	72

참고자료

이탈리아의 기업과 상거래 문화

이탈리아의 기업하면 가장 먼저 떠올릴 수 있는 것이 이탈리아 자동차 산업의 대명사라고 할 수 있는 피아트(Fiat)를 들 수 있다. 그러나 이탈리아는 대기업보다는 중소기업 중심의 경제 체제를 구축하고 있으며 이들 중소기업은 세계적인 명성을 얻고 있다. 사실 이탈리아의 경제는 중소 규모의 수많이 기업들이 운영하는 거대 국가의 형태를 유지하고 있다고 해도 과언이 아니다.

오늘날의 이탈리아의 중소기업은 동종을 중심으로 특정 지역에 모여 있으며 서로 협력 체계를 구축하여 부가 가치를 창출하여 세계적인 경쟁력을 유지하고 있다. 그리고 이들 중소기업은 전문성과 유연성을 가지고 가족 기업의 형태로 운영되고 있기에 경기 침체나 각종 환경 변화에도 잘 적응하는 등 끈질긴 생명력을 발휘하고 있다.

이탈리아 경제를 선도하고 있는 중소기업들의 대부분은 가족단위, 또는 가족적인 관계를 중심으로 경영되고 있다. 이러한 소규모의 경영은 일정 수준 도달 이후 더 이상의 기업 확장이나 발전을 기대하기 어렵다. 더욱이 오늘날과 같이 글로벌 경쟁 체제에서는 더욱 그러하다. 그럼에도 불구하고 이탈리아의 기업들이 가족 중심의 경영 체제를 고집하는 배경에는 중세의 장인 제도에서 이어지고 있는 장인 중심의 엄격한 수직적 지휘 계통과 권위가 오늘날까지 전통으로 내려오고 있기 때문이다.

이탈리아에서는 우리나라와는 달리 대규모의 백화점이나 대형 할인 매장 등이 발달하지 않고 있는 그 이유는 이탈리아인들은 한곳에 집중적으로 많은 물품들이 전시되어 판매되는 것에 대한 신뢰도가 낮다. 주변의 여러 지역에 여러 상표의 다양한 매장들이 분산되어 독자적인 능력으로 고객을 유치하는 전문 매장을 더욱 신뢰하고 있다.

이러한 이탈리아인들의 전문성에 대한 신뢰감은 그들만의 고유한 상거래 문화를 구축하고 있다. 주거 지역에 수많은 소규모의 상점들이 몰려있으며 생필품의 경우에도 주거지역 주변에 위치하고 있어 수시로 구입하는 패턴을 보인다. 도시 곳곳의 빈 공터에는 정기적으로 시장이 열리는데 이곳에서는 생산자나 중간 상인이 직접 차에 실고 와서 소비자에게 직접 신선한 야채, 과일, 육류, 생선 등을 판매하고 있다.

이탈리아인들은 물건의 사고파는 과정이 매우 가족적이며 친숙하고 유쾌하게 흥정한다. 판매하는 측이나 구입하는 측 모두가 인간적인 측면을 중시하기 때문에 구매에 앞서 서로 정겨운 인사를 나누며 개인 사생활적인 이야기도 스스럼없이 나누게 된다. 물건의 가격도 정찰제가 아닌 흥정의 대상으로 인식하고 덤을 얹어주는 것 역시 매우 일상적인 일이다.

동일한 물품이 상점마다 서로 다른 가격으로 판매 · 전시되고 있는 것에 대해 판매자나 소비자 모두 별 문제삼지 않는다. 1년에 정기적으로 열리는 실시하는 세일 즉 할인 문화가 정착되어 있기 때문에 이러한 할인 절차를 통해 판매자와 소비자 간의 상호 작용이 이루어지는 것이다.

이와 같은 맥락으로 기업 조직 문화에서도 그대로 나타나 있는데 이탈리아 사람들은 조직 구성원으로서 회사의 이익도 중요시하지만 그보다는 조직원들 간의 인간 관계를 우선적으로 고려하는 경향이 있다. 이들은 유럽의 다른 나라 사람들에 비해 개인주의적인 성향이 더 강하며 이들은 이를 바탕으로 자신의 의사를 알리거나 타인의 의지를 정확하게 이해하기 위해 보다 구체적인 설명을 장황하게 하는 경우가 많다.

그리고 이와 같은 관점에서 이탈리아인들은 주변과의 관계에서 항상 명확한 이해에 기초한 인간 관계를 선호하고 있다. 따라서 기업의 경영자는 직원을 채용할 때 어떤 관계로든 친분이나 안면이 있는 관계의 사람을 선호하며 실력보다는 인간 관계를 더 중시하려는 가족 경영의 특성으로 풀이할 수 있다.

이러한 상거래 문화를 바탕으로 이탈리아인들과의 사업관계에서 주의해야할 사항을 정리하면 다음과 같다.

첫째, 이탈리아인들은 모르는 사람들과의 첫 대면보다는 이미 직·간접적으로 친분이 있는 사람과의 관계를 선호하는 경향이 있으므로 가능한 어떤 형식이든 소개나 친분 있는 사람과의 관련성을 지어서 만나도록 하는 것이 바람직하다.

둘째, 사전의 약속이나 프로그램을 구체적으로 확인할 필요가 있으며 이탈리아에서 만날 사람과의 구체적인 사전 준비를 충분히 해야 한다. 그리고 전화나 팩스를 보내 약속을 결정할 경우 가급적 이탈리아어로 사용하는 것이 좋으며 이는 신속한 답장을 받을 수 있는 좋은 방법이기도 하다.

셋째, 이탈리아인들은 대개의 경우 본격적인 협상에 앞서 자유롭게 대화나 인사를 나누는 것이 관례이다. 따라서 주변의 근황, 가족이나 개인 생활에 대한 사항을 준비하는 대체로 문화, 예술, 음식, 포도주, 스포츠(사이클이나 축구 등), 가족, 연극과 영화 등에 관한 주제를 많이 다루게 되므로 이에 대한 적당한 준비가 필요하며 정치나 종교 등에 관한 딱딱한 주제는 삼가는 것이 바람직하다.

넷째, 사업상의 방문이나 협상을 위한 만남은 휴가나 공휴일 등을 고려할 필요가 있으며, 그리고 이탈리아와의 모든 관계에서 특히 8월 전체가 휴가 기간이라는 점을 기억하고 이 시기는 피하는 것이 바람직하다. 그리고 사무실이나 기업을 방문할 경우 오전 10시에서 11시, 오후에는 3시 이후가 바람직하다. 물론 지역에 따라 약간의 차이를 보이기는 하나 이 시간대에는 대체로 무난하다. 또한 각 도시나 지역에 따라 해당 지역의 수호성인 축제가 있으며 국가 전체의 휴일 이외에도 지역에 따라 휴일의 개념이 독립적으로 적용되고 있다는 점을 기억해야 한다.

다섯째, 협상의 속도가 미국에 비해 매우 느릴 수 있다는 점을 감안해야 한다. 인내심과 침착함으로 일관하는 태도가 무엇보다도 중요하다. 그리고 명함을 교환하는 것을 즐겨하지는 않지만 외국인에게 상대의 이름 철자를 물어보는 것은 실례라고 생각하기 때문에 간단하면서도 최소한의 필요한 내용이 담겨있는 명함 교환은 상대를 빨리 이해하는데 매우 중요한 수단이 된다.

여섯째, 사업상의 협상에 있어 저녁 식사 초대는 매우 중요한 의미를 지니며 사업의 연장선이라고 할 수 있다. 이탈리아인에게 있어서 식탁은 단순한 식사 공간이 아닌 서로의 심정을 교환하는 순간이며 자연스럽게 서로의 인간성을 나타낼 수 있는 순간이기도 하다. 이탈리아인들은 사무실에서의 최종적인 결정을 내리기보다는 식탁에서의 실질적인 결정에 더욱 의존하는 경향이 있다. 따라서 식사 초대를 받을 경우 특별한 경우가 아니면 가능한 초대를 거절하지 않는 것이 중요하다. 거절할 경우 상대에 대한 무례나 오만으로 오해될 수 있다.

그리고 이탈리아 사람을 초대할 때 상대의 비서에게 선호하는 음식점이나 요리가 있는지에 대해 알아보는 것이 바람직하다. 그리고 식사 전에 요금을 지불할 사람이 먼저 웨이터에게 약간의 팁을 건네는 경우가 많다.

(출처: 한국외국어대학교 외국학 종합연구센터, 국제지역정보)

13

제13장

신들의 나라 인도

1 인도에 대한 개요와 우리나라와의 관계

1) 인도의 일반적 개요

공식 명칭: 인도 공화국(Republic of India)

인구: 약 1,236,344,631명 / 세계 2위

(CIA The World Factbook 2014.07)

면적: 3,287,263㎢ / 세계 7위(CIA The World Factbook)

(한반도의 15배, 남한 면적의 33배)

1인당 GDP: 1,808$ / 세계 141위(IMF 2015)

수도: 뉴델리

정체 · 의회 형태: 연방 공화제, 다당제, 양원제

국가 원수/정부 수반: 대통령/ 총리

행정 구역: 28개주와 7개의 연합주로 구성

언어: 힌디어(40%)외 14개 공용어, 영어(상용어)

독립 년월일: 1947. 8. 15

화폐 단위: 인도루피(Indian rupee/Re, 복수형 Rs)

인도는 풍부한 천연자원과 농업 부문의 자급자족을 이루고 있는 국가로 히말라야 산지에 이어진 하나의 작은 대륙이라 불릴 정도로 국토가 넓고 만년설의 히말라야부터 열대의 코모린 고지까지 기후가 다양하고, 다인종, 다종교, 다문화가 특징인 나라이다.

2) 한국과의 관계를 통해 본 인도

한국과 인도는 불교 교류 등 수천 년에 걸친 오랜 전통을 가지고 있으며 역사적으로도 가야국과 아요디아 왕국의 혈연 관계로 맺어진 관계로 오랜 교류의 역사를 지니고 있다. 1945년 우리나라가 일본으로부터 주권을 회복하였으며 인도는 1947년 영국으로부터 독립하였다. 그리고 한국 전쟁 당시(1950년~1953년)에는 인도는 유엔 다국적군에 60대의 구급차와 의료팀을 지원해주었으며 1962년 영사관을 한국에 개설하고 1973년 수교 이후 대사관으로 승격하였고 1990년대 이후 한국-인도 관계는 남북한 대결로 인한 기존의 정치 · 외교 중심의 관계에서 무역과 투자를 중심으로 한 실리적인 관계로 양국 관계가 한 단계 격상되었다.

1993년 라오 총리가 인도 총리로서 최초로 방한함으로써 인도는 남북한 등거리 외교에서 우리 측에 편향된 외교를 본격적으로 전개하였으며 1996년에는 우리 정상으로서는 최초로 김영삼 대통령이 인도를 방문함으로써 양국 간 실질 협력 관계를 공고화하는 계기를 마련하였으며 현재 정치, 경제, 사회, 문화 제반 분야에서 관계 발전을 해 오고 있다.

2 신기한 나라 인도: 인도의 특징과 문화

1) 다양성의 나라

● 기후의 다양성

인도는 히말라야 산지에 이어진 하나의 작은 대륙이라 불릴 정도로 국토가 넓고, 겉눈이 쌓인 히말라야로부터 열대의 코모린 고지까지라는 말과 같이 기후가 다양한 나라이다.

● 세계 최고의 인구 대국

1999년 8월 15일을 기해 인도 인구가 중국에 이어 두 번째인데 인구 증가율이 1.71%라는 점에서 머지않아 중국을 앞설 것으로 전망되고 있다. 또한 세계 각국에 퍼져있는 인도 교민들의 네트워크는 인도의 파워(미국 내 인도인들은 미국 내의 소수 민족 중 가장 부유한 그룹)를 과시하고 있다.

●언어의 다양성

영어와 22개의 공식 언어가 인정되고 있으며 실제 인도에서 사용되는 언어는 정확하게 알 수 없으나 대체로 총 180여개에 이른다고 한다. 1951년의 조사에 의하면 인도에는 방언까지 합하여 700가지에 달하는 언어가 사용되었다고 하나, 인구의 약 90%는 아리안계의 9개 방언, 드라비다계의 4개 방언을 쓰고 있었다고 한다. 그 중에서도 아리안계의 중심은 전 인구의 45%가 사용하는 힌디어로서, 헌법은 인도의 장래 표준어로 채택하고 있다.

인도에는 각 지방에 따른 다양한 인종과 더불어 180여 종이 넘는 언어가 사용되고 있다. 그 가운데 헌법으로 인정한 지역별 공용어는 다음 18종이다. 괄호 속 수치는 해당 언어 사용 인구 비율이다.

인도의 언어들

힌디어(38.7%), 아삼어(1.6%), 벵골어(7.5%), 구자라트어(4.5%), 칸나다어(3.8%), 카슈미르어(0.5%), 말라얄람어(3.8%), 마라티어(7.2%), 오리야어(3.4%), 펀자브어(2.9%), 산스크리트어(0.1%), 신디어(0.3%), 타밀어(7.0%), 텔루구어(8.2%), 우르두어(5.1%), 네팔어(1.0%), 콘카니어(1.0%), 마니푸르어(1.0%)

위에서 언급한 18종 이외에 새롭게 산탈리어, 보도어, 도그리어, 마이틸리어가 지역 공용어로 지정되어 공식 지정 언어로는 2011년 총 22개 언어이다.

● 종교의 다양성

종교의 나라는 별칭답게 세계 3대 종교의 하나인 불교를 비롯하여 힌두교, 자이나교, 시크교가 태어난 나라이며 힌두교, 불교, 자이나교, 시크교와 같은 인도의 자생 종교와 수세기에 걸친 이슬람의 지배와 영국의 지배로 인해 기독교가 들어와 서로 혼재되어 있다.

인도 정부는 이들 제종교의 평화적 공존을 보장하여 사회적 통합을 기하고 있는바, 종교 세속주의 원칙(Secularism)은 인도 헌법의 주요 요소이며 국시로 삼고 있다. 힌두교 이외에도 이슬람교, 기독교, 시크교, 불교, 자이나교가 소수 종교로서 인도인의 생활 깊숙이 자리 잡고 있다.

인구 대비 분포 비율은 힌두교 81.5%, 이슬람교 11.2%(1억 2천만 이상), 시크교 2.4%, 기독교 2.7%, 불교 0.7%, 자이나교 1%로서, 힌두교가 압도적이며 이중 이슬람교와 기독교는 외래 종교로 인식되고 있다. 그리고 인도에서 기원한 불교와 자이나교, 힌두교, 시크교의 4종교 가운데 불교는 기독교와 같이 세계 종교로서 발전하였다.

힌두교는 오늘날 인도 인구 가운데 80% 이상의 추종자를 갖고 있는 가장 중요한 종교로서 기원전 1500년경 인도 대륙에 침입하기 시작한 아리안들의 종교인 브라만교가 민간 신앙을 흡수, 대중화한 것이다. 한편 시크교도는 인구의 약 2%에 불과하지만 군사, 비즈니스, 상업 등에서 두각을 나타내고 있으며 시크교도 중에는 거지가 없다고 할 정도로 매우 부지런하다고 알려져 있다. 그리고 자이나 교인은 생명 존중을 근본으로 하고 있은 금식, 금욕을 행하며 세계적 기업 등 비즈니스 분야에 두각을 드러내고 있으며 거부가 많고 이들은 사회적 빈곤층을 위한 기부를 행하고 있다. 자이나교 승려나 극단적 자이나교도는 옷을 걸치지 않고 생활하며 땅에 사는 벌레를 죽일까 두려워 신발을 신지 않고 지팡이를 짚고 다닌다고 한다.

한편 힌두 교도와 이슬람 교도 간의 갈등과 분쟁이 곳곳에서 일어나고 있는데 인근 국가의 파키스탄과의 갈등도 종교 문제가 근본 원인이 되기도 한다.

인도의 종교 이야기

15세기경 이슬람교의 영향을 강하게 받고 힌두교 개혁 종파로 창시된 시크교는 펀잡주에 교도가 밀집되어 있으며, 1980년대 초 과격파 시크 분리주의자들이 소요를 야기한 바 있으나 현재는 사태가 진정되고 있다(1985년 인도 정부군의 시크 사원 진입에 반발, 시크교도에 의한 인디라 간디 수상 암살). 기독교는 인도 남부지역에 약간의 기반이 있고 동북부 지역에서는 중심 종교이나(주민의 80% 이상) 정치적 세력을 형성하지는 않는다.

불교는 인도에서 수백 년간 융성하다 1세기경 힌두교에 흡수되어 현재는 신앙으로보다는 유적으로 존재하고 있는 형편이다. 1950년경 인도 하층 계급의 지도자 Dr. Ambedeka가 힌두교의 카스트 제도를 벗어나는 방편으로 인도 마하라슈트라 주의 20여만 명의 하층민들을 데리고 불교로 개종한 일이 있으나 종교, 정치적 세력으로는 미미하다. 자이나교는 불교와 동시대에 힌두교의 일파로 창시되었으며, 교리 및 관행 등 여러 면에서 힌두교 및 불교와 유사하다. 교도들은 주로 상업에 종사하고 있으며, 인도 서북부 지역의 상업계에 어느 정도 세력을 가지고 있다.

힌두교도는 식사할 때 낮은 걸상을 사용하는데, 식사 시 좌석 배치는 오른쪽에 주인이 앉고, 그곳에서부터 왼쪽으로 가면서 연령순으로 앉으며, 노인과 소년, 소녀는 조금 떨어져 앉는다. 성인이 되면 여자는 남자와 함께 식사를 할 수 없고, 다만 남자의 시중을 들게 된다. 힌두교도는 접시로 사용하는 나뭇잎의 왼쪽에 음료 그릇을 놓고 왼손으로 마신다.

상류 계급은 음식을 하루에 두 번 먹는데, 그중 한 번은 정오 때 먹고, 취침 조금 전에 저녁 식사를 한다. 신앙심이 두터운 정통 힌두교도는 정오 식사 때까지 어떠한 종류의 음식도, 음료도 결코 입에 대지 않지만 최근에는 점차 커피나 케이크로 가벼운 아침식사를 하는 것이 보편화되어 가고 있다.

힌두교인은 카스트 제도로 인해, 자기나 토기로 된 부엌용구 및 그릇은 한 번 더럽혀지면 완전히 청결해지지 않는다고 생각해서 깨어 버려야 하고, 포크와 스푼도 다른 사람이 사용했을지도 모르기 때문에 그 사용을 꺼려한다. 따라서 음식은 보통 손가락으로 집어먹지만, 화상을 입을 정도로 뜨거운 경우에는 나무 스푼을 사용하기도 한다.

우선 식사 전에 부인이 가져온 물로 양손을 씻는다. 다만, 왼손은 신체의 가장 개인적인 기능, 즉 배설 작용의 뒤처리에 사용하기 때문에 식사 때에는 사용하지 않는다. 커다란 바나나의 잎 위에 음식을 올려놓고 오른손으로 먹으며, 식사 후 물로 양치한 후 물을 뱉어 버린다. 힌두교에서는 식사 중에 이야기하는 것은 무례하다고 여기며, 식사하고 있는 모습을 보는 것조차도 버릇없다고 생각하기 때문에 조용히 식사가 끝나면 손을 씻고 양치한 후 이야기를 시작한다.

힌두교인은 침을 싫어하기 때문에 물을 마실 때에도 컵에 입을 대고 마시지 않고 물을 컵으로 입안에 부어 넣는다. 또한, 자기의 음식이 한 조각이라도 옆 사람의 바나나 잎에 떨어지지 않도록 세심한 주의를 기울인다. 그리고 남은 음식은 천민을 조리한 사람보다 낮은 카스트에게는 주지 않으며, 보통 개나 새에게 던져주고 치워 버린다.

(네이버 지식백과에서 가져옴)

2) 인도는 첨단 산업과 경제 대국

인도의 GDP는 23,080억$ / 세계 7위(IMF 2015)에 이른다.

또한 세계 각국에 퍼져있는 교민들의 네트워크는 인도의 파워(미국 내 인도인들은 미국 내의 소수 민족 중 가장 부유한 그룹)를 지니고 있다. 동시에 풍부한 천연자원과 농업 부문의 자급자족할 수 있는 나라인데 히말라야 산맥, 인도 대평원, 데칸 고원, 해안과 도서의 4대 지형구로 형성되어 있어 다양한 천연자원의 보고를 지니고 있기도 하다. 특히 히말라야 산맥 일대의 산악 대지에서 아쌈, 다즐링 등 세계 최고

품질의 홍차 재배를 하고 있으며 갠지스강 유역과 브라마푸트라강 일대의 대평원 지역에서는 밀 재배가 이루어지고 있다. 또한 해안과 도시 지역은 풍부한 해산물이 동부 해안의 하천 유역 대평야 지역은 쌀 재배지로 알려져 있다.

한편 20세기에 들어 개도국에서는 가장 먼저 항공기, 미사일, 원자폭탄, 인공위성을 쏘아 올린 나라로 IT 전문 인력 자원 미국에 이어 세계 2위를 자랑하고 있다. 로켓을 자체 개발하여 지구 궤도에 진입시킬 정도로 항공 우주 분야의 기술은 선진국 수준에 이르며 특히 뱅갈로지방은 세계적인 우주 개발 단지로 유명하다.

3) 왜 첨단 산업 국가인가

인도는 數의 나라라고 하는데 아라비아 숫자와 기수법을 탄생시킨 나라다. 인도 773년 인도의 철학자가 바그다드 궁을 방문하여 인도에서 제작된 천문표를 가져다주었다고 한다. 또한 숫자 영을 발견하여 영이라는 수를 이용한 계산법을 발견(6세기경으로 추정)한 국가이기도 하다. 초등 교육에서의 수교육에선 19단을 암기할 정도로 수교육이 철저하게 이루어지고 있는 나라이다.

인도는 왜 첨단 산업의 인재가 많고 수학이 발달한 국가인가를 살펴보면 아래와 같은 배경이 있다.

① 철학과 컴퓨터의 연결 고리

종교, 철학, 수학, 컴퓨터가 하나의 고리로 연결되어 있는 통합적, 융합교육을 하고 있다. 인도 철학은 고대 인도의 방대한 성전을 체계적으로 분류하고 활용하기 위해 발전하였으며 여기에는 지식의 공학 즉 논리적인 사고 방법과 구현 자세가 기본이 되며 이를 컴퓨터에 적용하고 있다. 즉 정신(인문학과 기초 과학의 세계)세계가 뒷받침 된 지식이 새로운 첨단 테크놀로지와 결합하는 것이 가장 이상적인 21세기의 과학상이기도 하다.

② 뛰어난 암기력과 산술 능력

수의 개념이 일찍부터 발달하였으며 통합적, 융합적 교육 방식도 매우 유용했다.

③ 거대한 미국 시장과의 절묘한 궁합

인도인의 출중한 영어 구사 능력과 상대적으로 저렴하면서도 우수한 인재풀이다. 그리고 지리적 여건으로 인한 미국과의 절묘한 시간차(12간차)도 미국 기업과의 협업에 매우 유리한 조건이다.

④ 안목 있는 인재 양성을 위한 대비

1909년 인도 과학 대학원(IISc: Indian Institute of Science)을 설립하여 450명의 우수한 교수진과 2천 명의 연구진을 보유한 최고의 기술계 대학원을 운영하고 있다. 또한 1950년대 인도 공과 대학(IIT: Indian Insitute of Technology)은 미국의 MIT 대학을 모델로 해서 설립됐다. 인도의 엘리트는 이 대학 출신이기도 하며 전세계에서 활동하고 있다. 그리고 인도는 이미 1980년대부터 IT 산업을 준비할 수 있는 인력 양성에 돌입하여 시대적 준비를 하고 있었다.

재미있는 문화 이야기

네이버 백과사전에서 발췌하여 정리하여 재작성 하였음.

1. 인도엔 왜 소가 많고 존중받을까?: 소에 대한 인도 사회의 태도는 종교적이기보다 사회적이다.

힌두인들이 쇠고기를 먹지 않고, 소를 귀하게 생각하는 것은 종교상의 이유에서지만, 뿌리를 더듬어 보면 사회적인 이유에서이다. 시바신이 난디(등에 혹이 달린 소)를 타고 왔다 해서 소가 다른 동물보다 대접을 더 잘 받는 것은 사실이나 결국 소가 대접받는 것도 따지고 보면 '사람이 살기 위해서'이다. 어떤 나라나 마찬가지겠지만 사실 소는 굉장히 유용한 동물이다. 소가 사람 사회에서 담당하는 일은 상당하다. 무거운 짐을 나르기도 하고 논밭을 갈기도 한다. 또 젖을 제공해 주고 소똥은 좋은 연료가 된다. 인도라는 땅에서 오래 전부터 소가 담당해온 일은 바로 이런 것들이다. 사람은 무리를 지어 살기 시작했을 때부터 소의 유용함을 알았고, 그런 까닭에 어느 나라에서나 소는 귀한 대접을 받았다. 하지만 원래부터 인도에는 소가 많았고 그런 까닭에 소가 유용한 동물이라는 것은 알면서도 귀중하다는 생각은 할 수가 없었다. 드넓은 농토와 많은 인구를 가진 인도에서 소의 멸망은 곧 사회의 멸망과 다름없었다.

한편 사회가 계속 산업화되는 까닭에 옛날에 소가 했던 일들을 지금은 기계가 대신하고 있다. 들판에서는 소보다 트랙터가 더 많이 보이고, 운반 수단도 계속 자동차에 자리를 내주고 있는 실정이다. 그러므로 지금은 옛날처럼 목숨을 걸고 소를 보호

해야 될 까닭도 점점 사라져 가고 있는 것이다.

2. 카스트 제도

수천 년간 인도인의 생활을 규율해온 카스트 제도는 법적으로 폐지되었고 근대화 및 교육의 영향으로 점차 붕괴되고 있지만, 아직도 많은 인도인의 생활 저변에 깔려 있는 독특한 신분제도다. 그 근원은 역사적으로는 아리안족이 인도를 침입 정복한 후 피지배 원주민과의 차등을 강조한데서 유래한 것으로 설명되는 바, 피부색, 직업에 따라 승려 계급인 브라만, 전사 통치 계급인 크샤트리아, 상인 계급인 바이샤, 노예 계급인 수드라로 크게 나뉜다. 또한 각각의 카스트 안에는 다시 수많은 하부 카스트 계급이 있으며, 카스트에 속하지 않는 최하층 계급으로 불가촉천민(Untouchable)이 있다.

실제로 인도 사회 대부분에는 아직도 계급 차별이 남아 있고 심지어 대학의 입학 원서조차 계급 표시난이 있는 경우도 간혹 있다.

일찍이 붓다를 비롯해 수많은 종교 지도자들이 계급 차별의 모순을 지적하며 고쳐나갈 것을 강조했건만 인도 사람들이 상대방의 계급을 알아보는 방법은 얼굴 피부색, 옷차림(대개 이 두 가지에서 70% 맞춘다고 한다), 그리고 사람의 이름, 아버지 이름이다. 따라서 이름만 들어보면 어떤 계층의 카스트인지 금방 알게 되고 그 뒤에는 그에 걸맞는 행동과 말이 따르게 된다.

3. 손으로 먹는 식사와 채식주의자

극소수의 최하층 천민과 기독교도 등은 쇠고기를 먹지만 대부분의 힌두교도들과 이슬람교도들은 서로의 종교적인 정서를 존중하여 돼지고기와 쇠고기를 기피한다. 힌두교도는 대부분 채식주의자이고, 이슬람교도, 시트교도, 기독교도들은 비채식주의자이다.

종교적 또는 경제적인 이유로 많은 인도인들은 곡물과 콩으로부터 단백질을 섭취하는데, 우유로 만든 다히(dahi)와 버터를 요리에 많이 이용하므로 영양적으로 별 문제는 없다. 가난한 계층의 사람들은 종교적이라기보다는 경제적인 이유로 채식을 하는 경우가 많다. 도시의 여유 있는 계층에게는 육식도 널리 보편화되어 있다. 그러나 인도 전통을 지키는 채식주의자들은 예전과 같이 엄격하게 채식을 하며 생활한다.

채식주의자 중에는 비채식주의자와의 동석을 거부하는 문화가 있다. 따라서 식당 중에는 방이 확실하게 구분되어 있거나 내부가 나누어져 있기도 하고 다른 메뉴를 취급하는 곳도 많다. 인도인들은 주로 단백질을 콩류와 우유, 버터, 요구르트 등의 유제품으로 섭취하며, 육류로는 닭고기와 양고기를 좋아한다. 엄격한 채식주의자는 육·어류를 절대로 먹지 않으며, 심지어는 달걀까지 먹지 않는다.

한편 인도 사람들은 손으로 밥을 먹는데 이에 대해 불결하다고 오해를 하는 경우가 많다.

인도 사람들이 손으로 먹는 것들은 '숟가락보다 손으로 먹는 것이 더 편한 것'이다. 그것은 인도 사람들이라 해서 모든 것을 손으로 먹는다는 것은 아니라는 것이다. 요즘 숟가락을 사용하는 사람들이 많이 늘어났으나, 그래도 탈리(인도 정식)나 짜파티는 손으로만 먹는다. 인도에서 '왜 손으로 밥을 먹는 문화가 생겼을까?'하는 궁금증은 인도라는 땅을 가보면 풀리게 된다.

손으로 밥을 먹는 까닭은 여러 가지가 있겠지만, 탈리(인도인들이 주식으로 먹는 것이다)는 숟가락으로 비벼서는 좀처럼 맛있게 만들 수가 없다. 서너 가지의 반찬을 골고루 잘 섞어야만 제대로 맛이 나는 데다, 인도 밥이라는 게 불면 날아갈 정도로 끈기가 없다. 따라서 숟가락으로 비비다가는 제대로 맛이 나는 탈리를 만들지도 못하고 밥은 죄다 접시 밖으로 튕겨 나가버리는 경우가 너무 허다하다. 또 다른 이유는 위생상의 이유에서다. 인도인들은 매우 지저분하게 보이고, 위생 관념이라고는 전혀 없는 것처럼 보이지만 사실은 세계 어느 나라 사람들보다 위생에 더 신경을 곤두세우는 사람들이 인도 사람들이라고 한다.

인도 사람들은 남이 한 번 썼던 것은 아주 더럽게 생각한다. 따라서 웬만하면 다른 사람이 썼던 것을 꺼려하는게 인도인들이다. 인도 사람들에 따르면 숟가락은 아무리 깨끗하게 씻는다 해도 결국은 남의 입에 들어갔다 나왔다는 것이다. 그러나 자기 손은 언제나 자기 입에만 들어갔다 나오므로 그보다 더 위생적인게 어디 있느냐 하는게 이들의 말이다.

결국 손으로 밥을 먹는 문화는 전염병이나 기타 다른 질병들을 많이 겪어온 인도 사람들이 그들 나름대로 개발해낸 위생법이라 할 수 있다. 사실 우리가 자주 쓰는 숟가락이나 밥그릇 따위들을 통해서 질병들이 전염되는 경우가 많기 때문이다. 남쪽으로 내려가면 숟가락뿐 아니라 접시도 더럽다고 해서 바나나 잎에 탈리를 주는 곳이 대부분이다.

4. 인도 상인들의 습관: 저울과 영수증 문화

인도에서 물건을 사다보면 별 희한한 것까지 무게를 달아서 파는 것을 볼 수 있다. 시장에서 파는 밀감에서 바라나시 화장터의 화장용 장작에 이르기까지 모든 것은 무게를 달아서 판다.

심지어 살아있는 닭도 저울에 올려서 값을 매기고, 철공소에서 양철 궤짝을 하나 맞춰도 결국 값은 무게로 결정한다. 값을 매기는 저울 또한 기막히다.

땅콩 1루피 치를 다는 손바닥만 한 양팔저울에서 화장터의 나무를 다는 엄청나게 큰 저울에 이르기까지 모두가 크기만 다를 뿐 똑같은 저울이다.

또 재미있는 게 영수증 문화다. 정부에서 운영하는 기차역의 구내식당에 가면 3루피 짜리 차를 한 잔 마셔도 영수증이 따라온다. 비단 정부 운영의 식당뿐 아니라 호텔이건 개인 식당이건 간에 어디 앉아서 돈을 내면 어김없이 따라오는 것이 영수증이다.

그리고 그 영수증이라는 것도 일일이 손으로 쓰고, 먹지가 보통 뒤에 두 장 정도 붙어 있으면서 원본은 손님에게 주고 하나는 자기가 보관하고, 하나는 상부에 올리고(혹은 주인에게 주고) 하는 식이다. 이러다 보니 원래 일보다 영수증 쓰는데 시간이 더 걸리는 일도 있다.

5. 인도인들은 쓰레기를 마구 버린다는 오해는 어디서 왔는가?

인도를 여행하다 보면 좀처럼 휴지통을 찾기가 힘들다고 한다. 기차나 버스를 타고 가다보면 과일 껍데기나 비닐봉지 따위를 아주 당연하다는 듯이 창밖으로 던지는 사람들을 볼 수 있다고 한다. 그래도 창밖으로 던지는 사람들은 양호한 편이고, 그냥 바닥에 버리는 사람도 많다고 한다.

인도인들이 쓰레기를 길거리에 아무렇게나 버리는 습관은 아주 오래된 역사성(?)을 가지고 있다. 옛날부터 인도인들은 가축들을 가두거나 묶어서 키우는 것을 좋아하지 않았다. 그런 까닭에 온갖 가축들이 길거리를 활보하게 됐고, 사람들이 버리는 쓰레기는 이들의 좋은 먹이였다. 당시로서는 쓰레기래야 과일껍질이나 음식물 찌꺼기 외에 다른 것이 없었기 때문이다. 따라서 인도인들이 옛날에 쓰레기를 길에 버렸던 이유는 '단지 귀찮아서'가 아니라 '짐승을 먹이기 위해서'라는 아주 좋은 뜻에서였다고 한다.

더구나 길에 많이 다니는 짐승은 힌두인들이 귀하게 대접해 주는 '소'가 아닌가? 수천 년 동안 짐승을 먹이기 위한 '쓰레기 버리기', 그 쓰레기가 짐승이 먹을 수 없는 화학 제품으로 바뀌었다고 해서 하루 아침에 고쳐질 수는 없는 것이다. 초등학교 교과서나 정부 홍보물에서 쓰레기를 함부로 버리지 말 것을 자주 강조하지만 새삼스럽게 잘 고쳐지지 않는 것이 바로 이 문제이다.

6. 인도의 화장실 문화

기차를 타고 가다보면 철로가나 들판에서 실례를 하는 인도인들을 많이 볼 수 있다. 집안에 화장실이 없기 때문이다. 물론 요즘 새로 지은 집안에는 모두 화장실이 있지만 보통의 살림집에는 전혀 없다. 시골에는 더욱 그렇다. 따라서 들판이나 후미진 길에서 볼일을 보는 것은 아주 일반화된 현상이다.

이른 아침이 되면 뒤처리를 위한 물 깡통을 하나씩 들고 줄줄이 들판으로 나가는 모습을 볼 수 있다. 남자들은 전혀 부끄럼 없이(오히려 보는 사람이 민망해진다) 드러내 놓고 일을 보며, 여자들은 조금 으슥한 곳에서 가리고 볼일을 본다. 이러다 보니 들판이나 강가의 모래사장은 그야말로 오물밭이다. 시골뿐 아니라 대도시의 빈민촌 사람들도 대개 집안에 화장실을 갖고 있지 않기 때문에 바깥에서 일을 처리하는데, 대도시 사람들이 즐겨 이용하는 장소는 바로 철길이다.

그렇다면 왜 인도인들이 집안에 화장실을 만들지 않고 바깥에서 처리하게 되었을까? 인도의 화장실 문화도 결국은 날씨와 위생상의 문제에서 비롯된 것으로 우기와 건기가 뚜렷이 나뉘어져 있어, 인도 대륙이 우기에 접어들면 굉장히 습해진다. 더운 날씨에 습도까지 높아버리게 되면 온갖 병균들이 생기게 되고, 집안에 화장실이 있다면 그 화장실이 온갖 병균들의 발생처가 되는 것은 뻔한 일이다. 이런 까닭에 인도인들은 집에서 떨어진 들판에서 볼일을 본 후에 물로 씻는 것이다.

이것도 오랜 세월 동안 수많은 전염병과 질병들을 경험했던 인도 사람들이 나름대로 개발해낸 위생적인 처리 방식이라 할 수 있다.

왜냐하면 휴지로 아무리 깨끗이 닦아도 물로 씻어내는 것보다는 덜 깨끗할 것이고, 전문가들에 따르면 휴지를 사용할 때 최소한 열 겹 이상이 되어야 병균으로부터 손을 보호할 수 있다고 한다. 어쨌든 물로 씻는 방식은 휴지로 처리하는 것보다는 더 위생적인 것이 분명하다.

3 인도를 이해하기

1) 인도에서는

● 남이 보는 데서는 무조건 오른손만 사용하라

왼손으로 밥을 먹거나 물건을 받거나 남을 가리키지 마라 왼손은 화장실에서만 사용한다.

● 화장지를 준비하라

원래 인도는 화장지를 사용하지 않으나 종종 유료 화장실의 경우는 화장지를 구입할 수 있으므로 시골지역의 경우는 주택 내에 화장실이 없는 경우도 종종 있다.

● 인도인의 친절성을 과신 말라

인도인은 길을 물어오면 모른다고 하는 것이 매우 매정하다고 생각한다. 그래서 몰라도 대충 가르쳐 주게 된다. 따라서 길을 물을 때 절대 한 번만 묻지 마라 몰라도 엉터리로 가르쳐주는 인도인들. 헤매고 싶지 않거든 적어도 다섯 번은 물어봐야 된다.

● 길거리의 노숙자나 아이들을 동정하지마라

이들을 모두 책임질 수 없다면 함부로 우리의 가치 기준으로 동정하지 않는 것이 좋다.

● 인도인들은 외국인에 대하여 배타적인 성향이 강하므로 이들을 무시하거나 감정을 상하게 해서는 안된다.

● 인도의 음식 문화를 이해하자.

한국의 카레라이스와 인도의 커리는 다르다. 우리식의 카레를 생각하면 안된다. 인도의 카레에는 다양한 향신료와 채소가 들어간다. 인도의 카레는 모든 반찬을 의미하여 종류도 수 십 종류에 이르며 사용되는 향신료 또한 수 십 가지에 이른다.

북쪽에는 이슬람의 영향으로 돼지고기가 금기, 남쪽에는 힌두교의 영향으로 쇠고기가 금기시되고 있다. 그리고 인도 국민의 약 80% 정도는 힌두교와 불교의 영향으로 채식주의자가 많다는 점도 알아두어야 한다. 또한 우유를 순결하고 신성한 음식으로 간주하여 유제품이 널리 애용하고 있다.

인도의 산바는 한국의 된장국과 비슷하며 인도의 주식은 차바티(얇은 밀가루 반죽을 밀어 구운 것), 차바티를 구운 파로타, 기름에 튀긴 푸리와 다양한 빵, 그리고 쌀밥이 있다.

2) 인도에서 배워할 것들 몇가지

● 다양성을 인정하자

다양한 종교와 언어, 다양한 신분사회, 빈부의 격차가 존재하므로 이를 모두 인정해야한다.

● 정신세계 중요시하는 전통문화와 학문 그리고 그들의 자연과 신을 숭배하는 여유로움을 배우자

자이나교도들의 생명 존중 사상으로 인한 기부 문화가 있다. 시크교도들의 부지런함과 남과 비교하지 않으며 모든 것을 자신의 깨달음 속에서 얻으려고 하는 자세는 인도인의 큰 장점이기도 하다.

● 기초 학문의 중요성과 인재 양성

70%에 육박하는 문맹률이지만 제도권 내의 공교육의 철저함으로 인한 우수한 인재 배출을 하고 있다는 점은 인도의 엄청난 잠재력이기도 하다.

● 첨단학문과 기술은 선조의 지혜에서 오는 것

인문학은 곧 첨단 과학의 원천이라는 점, 통합적, 융합적 교육 방식은 인도의 독창성의 원천이기도 하다.

14

제14장

인류의 고향 아프리카

2000년대 초 유엔 주재 르완다 대사가 유럽 연합 대표들과 만난 자리에서 이런 말을 하였다고 한다. “아프리카 전역에서 사람의 식량으로 쓰이는 양보다 더 많은 곡식을 유럽의 가축이 먹으며 뉴욕시는 전체 아프리카 대륙의 소비량을 합친 만큼의 많은 에너지를 사용하고 있다, 대체 어떤 권리로 그러나? 강자의 권리인가?”

아프리카 하면 원시림, 야생 동물, 벌거벗은 부족들을 떠올리게 되며 아니면 미개하다, 가난하다, 분쟁 지역이라는 단어를 떠올리게 될 것이다.

아프리카는 사실 지구의 마지막 보고(보물 창고)라고 할 수 있다. 그리고 지구의 허파라고 할 수 있으며 엄청난 자원과 전통문화가 남아 있는 땅으로 지구의 역사이기도 하다.

아프리카에 대한 막연한 상상을 버리고 바른 이해가 필요할 것 같다.

1 아프리카의 개요

1) 아프리카의 개요

● "아프리카"라는 이름의 유래

아프리카라는 명칭에 대한 유래는 분명치 않으나 아랍 사람들이 북부 아프리카 지역을 '아프리퀴아(Afriquia)'라는 말을 만들었다는 데서 유래했다는 설이 많다. 대륙으로서 아프리카라는 이름으로 불린 것은 16 · 17세기 네덜란드의 항해자들이 이곳이 독립된 대륙이라는 점을 인식한 이후부터라고 할 수 있다.

아프리카의 어원은 고대 그리스인들이 '리비아라'고 부른 지중해 남안(南岸)에서 원주민이 사용한 지명에서 비롯되었다고 할 수 있다.

한편 100년 전까지만 해도 아프리카 대륙의 사람들은 스스로 아프리카 사람이라고 생각하기보다는 그들이 속해있는 부족의 소속인, 남성이나 여성으로서의 역할이나 부족 내에서의 신분상의 지위로 본인을 인식하는 경향이 짙었다고 한다.

● 아프리카의 땅과 인구

아프리카 대륙의 전체 면적은 약 3,036만㎢ 정도이며 인구는 약 11억명(2015년)으로 추산된다. 지구상의 5개 대륙 중 아시아 다음으로 큰 대륙이며 유럽 대륙의 약 6배에 달한다. 지구상의 23%가 아프리카에 속하며 지구 인구의 약 15%를 차지하고 있다. 다만 인구 증가율은 높으나 다른 대륙의 개발 도상국에 비해 유아 사망률이 높고 평균 수명이 짧은 편이라고 할 수 있다.

대륙의 동쪽으로 인도양, 서쪽으로 대서양, 북쪽으로 지중해에 면하고 있다.

출처: 네이버 지식백과사전

● 아프리카의 종족과 언어

아프리카에는 총 53개국(아프리카 연합 회원국 기준)이 있으며 약 1,000개의 공식 언어, 3,000여 개의 종족으로 이루어져 있다.

사하라 북부는 주로 아시아계 백인으로 구성되며 사하라 이남은 대개 흑인으로 구성되어 있다.

● 종교

이슬람교가 인구의 약 40%, 기독교가 약 50%, 인구의 10% 정도만

이 부족 단위의 토속 신앙, 유대교, 힌두교를 믿고 있다. 대체로 사하라 사막을 기준으로 북쪽은 주로 이슬람교, 남쪽은 기독교가 많다

출처: 네이버 지식백과사전

2) 아프리카의 구분과 영역

아프리카 대륙은 북아프리카, 서아프리카, 동아프리카, 중앙아프리카, 남아프리카로 구분하지만 종종 중앙아프리카의 경우 다시 서부, 동부, 남부로 나누어지기도 한다. 그리고 사하라 사막을 기준으로 북쪽의 아랍권과 남쪽의 흑인 문화권으로 구분되기도 한다.

(1) 북부

튀니지, 알제리, 모로코, 수단, 알제리, 이집트가 여기에 속해져 있

으며 아랍인들이 주로 지브랄타 해협으로 건너와 많은 영향을 끼쳤다고 한다. 이런 연유로 이 지역은 이슬람교도가 많다.

(2) 서부

사하라 사막이 여기에 위치하고 있으며 사바나 종족들 보다 강력한 종족들이 여기에 모여 살고 있으며 가나, 기니, 나이지리아, 토고, 라이베리아, 말리, 코트디부아르, 시에라리온, 세네갈 등이 여기에 속한다.

피그미족이 살고 있는 콩고와 가봉, 그리고 축구 강국이 카메룬, 앙골라도 여기에 속해있다.

서부 지역은 농업이 주산업이며 비교적 먹거리가 풍부한 지역이라고 할 수 있다.

(4) 동부

북쪽과 동쪽 지역에는 에티오피아 고원을 사이에 두고 수단과 소말리아가 있다. 주로 목축업을 하고 있으며 아프리카의 뿔이라고 불리우는 소말리아, 케냐, 탄자니아가 여기에 위치하고 있다.

(5) 중부과 남부

중부와 남부 지역은 주로 사바나 초원 지대로 이루어져 있으며 남아프리카 공화국과 모잠비크가 위치한 지역이며 지중해성 기후로 지금은 주로 목축업을 하고 있다. 그리고 이 지역은 부시맨이 살았던 곳이기도 하다.

한편 이 지역은 다양한 인종이 살고 있으나, 5~6세기의 인도양을 건너온 인도네시아인의 후손으로 추정된다.

3) 아프리카 연합(-聯合, 영어: African Union, AU, 프랑스어: Union africaine, UA)

아프리카 연합은 53개 아프리카 국가로 구성된 국제 정부간 기구로 아프리카 통일 기구(Organization of African Unity/OAU)(1963~2002)를 대신해 2002년 설립된 정부간 기구이다.

2002년 7월 9일 아프리카 경제 공동체(AEC)와 아프리카 통일 기구(OAU)를 통합하여 만들었다. AU는 기존의 OAU가 국내 문제 불개입 정책으로 인해 아프리카에서 잦은 학살과 인권 유린이 일어나는 것을 막지 못했다는 비난과 함께, 실질적인 경제 발전과 삶의 질 향상에 기여하지 못했다는 지적을 받음에 따라 훨씬 강력한 아프리카 연합 기구가 필요하다는 공감대가 형성됨으로써 창설되었다.

본부는 에티오피아의 아디스아바바에 두고 있다. 아프리카 국가 가운데 **모로코**만이 유일하게 아프리카 연합 회원국이 아닌데, 이는 1984년에 모로코가 영유권을 주장하는 서사하라의 독립을 승인하자 탈퇴하였기 때문이라고 한다. 공식적 행정사무 언어는 영어, 프랑스어, 아랍어, 포르투갈어, 스페인어, 스와힐리어이다.

2 아프리카의 특징

1) 우리가 알아야 하는 아프리카 특징들

• 지구상에서 가장 오래된 대륙

아프리카 대륙은 약 5억 5천만 년 전 대륙 중 가장 먼저 아프리카 대륙이 만들어졌다고 한다.

● 세계 인류의 역사가 시작된 대륙

200만 년 전 초기 인류(직립 원인)가 발전을 시작한 것이 아프리카라고 한다. 20만 년 전 현생 인류인 호모사피엔스가 아프리카에서 출현하였으며 10만 년 전 호모사피엔스가 아프리카 대륙을 떠나 시나이 반도를 넘어 중동으로 진출한 것으로 추정되고 있다.

인류의 요람이 아프리카 대륙에 있다고 할 수 있으며 유전적으로 보면 우리 인간 모두는 아프리카 사람으로 보는 학자도 있을 정도이다.

● 유구한 인류와 문명 역사를 지닌 대륙

아프리카 대륙은 고대부터 이집트를 비롯하여 수단, 에티오피아 등 일찍부터 문명과 교역의 중심지였다. 특히 북아프리카는 지중해 문화권(나일강을 끼고 있는 이집트를 중심으로 한)을 형성하는 주요한 요소로서 작용하였으며 일찍부터 국가의 형태를 갖추었다고 한다.

카르타고나 이집트의 전성기가 지난 후에도 북아프리카의 국가들은 상당 기간 유럽보다 앞선 기술력과 경제력을 지니고 있었던 것으로 전해지고 있다.

● 아시아에 이어 두 번째로 큰 대륙

지구의 1/5을 차지하고 있으며 유럽 대륙의 6배에 달하는 큰 대륙으로 지구의 양 반구에 걸쳐 있다.

● 종족의 전시장

3,000여개의 종족으로 이루어져 있으며 각자 독자적인 언어와 종교 등 사회 구성 단위를 갖고 있을 정도로 다양성을 지닌 대륙이다.

● 아프리카는 광물자원이 풍부한 대륙

금, 다이아몬드, 석유, 석탄, 가스, 우라늄, 구리 등 그의 대부분의 광물 자원이 아프리카 전역에 매장되어 있어 세계 최대 규모의 화석 연료 매장이며 지구의 보물 창고라고 할 수 있다.

2) 아프리카의 역사 개요

(1) 아프리카의 탄생(기원전 5억 5000만~기원전 약 5000년)

약 5억 5천만 년 전 대륙 중 가장 먼저 아프리카 대륙이 만들어졌다고 한다. 생명이 탄생하였고, 호모하빌리스, 호모에렉투스를 이어 호모사피엔스까지 초기 인류가 발전해 전 세계로 퍼져나갔다고 한다.

당시의 인간은 생각을 그림으로 표현할 줄 알았고, 정착 생활을 시작하면서 점점 공동체를 이루어 지내기 시작했다.

(2) 인류의 문명이 시작된 대륙 아프리카 (기원전 약 5000~서기 약 1500년)

이집트에서는 태양력이 사용되고 피라미드가 건축되는 등 엄청난 문화적 발전이 이루어졌다. 파라오가 통치권을 확립하고 이웃 지역에 대한 지배를 확대해 나가면서 권력 관계가 형성되었고, 생존을 위한 전쟁도 벌어졌다. 누비아 지역에는 쿠시 왕국이 자리 잡았다.

한편 중앙 아프리카의 원시림에는 오늘날까지도 국가의 통제를 거부하며 자신들만의 생활 방식을 고집하는 피그미족이 거주했다. 그리고 아프리카에는 다양한 신앙의 전통이 있었는데 이후 이슬람교와 기독교 성직자들은 고유한 신앙 및 전통을 인정하지 않았기에 많은 흔적이 사라진 상태이기도 하다.

중부 아프리카의 콩고 분지에서는 같은 언어 뿌리를 가진 반투 민족들이 새로운 정착지를 찾아 아프리카 곳곳으로 퍼져나갔고, 사하라 남쪽에서는 가나, 말리, 짐바브웨가 독자적인 왕국을 유지하고 지속적인 발전을 거듭하다가 15세기에 이르러 유럽 사람들에 의해 중단되기도 하였다.

(3) 아프리카 대륙, 시련의 땅이 되다(15세기~16세기)

아프리카 대륙은 15세기~16세기에 걸친 포르투갈 사람들의 본격적인 탐험으로부터 알려지기 시작하였는데, 이는 유럽인들에 의한 흑인 노예 무역이 번성해지기 시작하는 단계였다.

15세기 중엽부터 포르투갈 사람들이 서부 아프리카 해안에 도착하면서 백인에 의한 약탈이 시작됐다. 콩고에 들어온 포르투갈 사람들은 인간 사냥으로 수많은 아프리카인을 노예로 잡아갔다. 유럽의 식민 지배에 대항한 아프리카의 저항은 특히 줄루족에 의해 이루어졌으며 때로는 착취자 영국에 맞서 짧은 승리를 얻기도 했으나 유럽인들에 의한 약탈은 지속되었다.

아프리카에서 유럽 국가들의 경쟁이 치열해지는 것을 막기 위해 베를린에서는 유럽 열강들이 모여 제멋대로 아프리카 대륙을 식민지 등 다양한 형태로 마음대로 나누어가지기도 했다. 1914년까지의 아프리카 대륙은 이디오피아와 라이베리아 정도를 빼고는 거의 대부분의 국가들이 유럽 강대국 즉 영국, 독일, 프랑스, 벨기에, 이탈리아, 포르투갈 스페인의 식민 지배를 받게 되었다.

유럽의 억압과 착취는 선교와 원조라는 베일 뒤에서 더욱 교묘하게 이루어졌고, 두 번의 세계 대전이 일어나면서 아프리카 사람들은 각각의 식민지 주인들의 편에 서서 원치 않는 전쟁을 해야만 했다.

(4) 아프리카의 독립, 그러나 시련은 계속되고 있다(1946~현재)

현재 많은 아프리카 나라들이 대부분 독립하였으며 독자적인 정치 체제를 구축하고 있다. 500년의 세월 동안 식민지와 억압으로 인해 아직은 문제점과 과제가 남아있어 내전과 분열 등 사회가 혼란스러운 곳이 많은 것이 사실이다.

아직도 여전히 인종 차별 정책은 남아있으나 점점 긍정적인 방향으로 가고 있다. 하지만 아직 많은 아프리카 국가들은 내전과 아동 착취, 에이즈, 빈곤 등 해결해야 할 일들이 많이 남아 있는 것이 현실이다.

기후 온난화로 인한 극심한 가뭄과 무분별한 개발로 인한 자연 재해 등 기후 변화에 시달리고 있으며 자연의 무분별한 훼손으로 인한 밀림지대의 훼손, 타대륙과의 잦은 교류로 인한 자연 생태계의 교란 및 각종 바이러스 등으로 인해 각종 신종 전염병이나 신종 바이러스의 발원지로 오해받고 있는 것이 매우 안타까운 현실이다.

3 아프리카를 어떻게 바라볼 것인가

1) 아프리카에 대한 오해와 편견

(1) 아프리카는 미개하다는 오해는 금물

특정 사회나 국가를 두고 미개하다는 표현은 매우 자기중심적인 표현이다. 현대적 문명이 뒤처질 수는 있으나 이를 두고 미개하다고는 할 수 없다. 예를 들면 아프리카 밀림 속에서 전통적 방식으로 살아가는 사람에게 첨단 기계 문명은 불필요한 것임에도 불구하고 컴퓨터 사용이 안 된다고 해서 미개하다고는 할 수 없는 것이다.

각 나라나 지역마다 그 사회의 요구에 따라 산업과 문명의 발달은 진행되는 것이며 특정 산업과 특정 첨단 문명이 모든 사회에 표준으로 적용될 수는 없다.

아프리카의 사회 · 문화는 이 대륙이 최근까지 '역사가 없는 대륙' '암흑 대륙' 등으로 불려 왔기 때문에 대체로 오늘날까지도 미개 · 야만 상태에 놓여 있는 것으로 생각하기 쉬우나 이는 매우 잘못된 사고방식이다.

아프리카의 사회나 문화에는 특수성이 있다. 그러므로 다른 대륙의 사회 · 문화와 기계적으로 비교하여 미개 · 야만이라고 단정할 수는 없다. 특히 현재 아프리카는 사회나 문화적 측면에서 급진적으로 변화되어 가고 있다.

다만 동일 국가 내에서도 밀림 지역이나 사막 지역이 많고 여러 부족과 종족으로 나뉘어져 살아가는 방식이 많이 다르기에 빈부의 격차, 문화적 차이, 첨단 문명의 흡수 정도의 격차가 심한 것이 현실적 과제이다.

(2) 아프리카는 모두 같은 문화권이다?

아프리카 국가들을 하나의 문화권으로 보는 것은 아시아의 여러 국가들을 하나의 문화권으로 보는 것과 다를 바 없다. 예를 들면 한국과 인도, 중국을 아시아라는 이유로 동일 문화권으로 보는 것과 같은 오류라고 할 수 있다.

마찬가지 아프리카 역시 수천 개의 정체성과 종족이 50여 개의 국가를 형성하고 있다.

(3) 아프리카는 토속 신앙이 지배하고 있다?

흔히 아프리카라고 하면 토속 신앙이 많을 것으로 인식하나 이는 오해라고 할 수 있다. 19세기이후 서구의 지속적인 선교 활동으로 기독교와 이슬람교가 대다수를 이루고 있으며 이들 유럽에서 건너간 종교는 더 확산 일로에 있다. 이에 비해 순수 토착 종교는 10% 내외이나 다만 아프리카인들의 생활 속에서 토착 종교에서 비롯된 민속 풍습이나 무속 신앙의 영향을 받는 경우가 많다. 특히 의료 시설이나 교육이 열악한 경우는 이런 민속 풍습이나 민간요법 등의 영향력이 크다.

또한 기독교와 이슬람 종교 역시 아프리카 대륙에 전파되는 과정에서 토착 신앙과 혼재되어 서로 영향을 주고받기도 한다. 우리나라에서도 특정 종교와는 상관없이 일상생활(제사 등)에서 무속 신앙이나 민속풍습이 강하게 영향을 받는 경우가 있는 것과 마찬가지라고 할 수 있다.

(4) 아프리카는 모두 굶주리고 있다?

대체로 가난하고 어려움을 겪고 있는 지역이 많기는 하지만 이들 지역의 경우 내전이나 기후 이변으로 인한 특수한 상황이라고 할 수 있고 아프리카 전역이 그렇지는 않다. 오랜 식민지에서 벗어나면서 정치적 혼란, 천연 자원 활용을 둘러싼 국가 간의 이권과 갈등, 기상 이변, 사회적 불안 등이 아프리카 국가들의 경제 기반을 열악하게 하는 것 사실이나 아프리카의 모든 국가들이 기아에 허덕이고 있는 것은 아니다.

● 아프리카의 잠재력과 가능성

2011년부터 2015년까지 세계 경제 성장률 10개국 중 7개국이 아프리카 국가인데 에티오피아, 모잠비크, 탄자니아, 가나, 잠비아, 나이지리아 등이 여기에 속한다. 그리고 아프리카인의 약 40%가 도시에서 생활하고 있으며 2030년까지 50%에 달할 전망이다. 11억 인구를 가진 대륙으로 아시아에 이어 두 번째로 인구가 많은 대륙이라는 점은 아프리카의 큰 잠재력이라고 할 수 있다. 특히 21세기 들면서 아프리카의 경제 성장은 아시아에 이어 세계 2위이며 아프리카인의 40% 이상이

15세 미만이며 세계에서 가장 젊은 대륙이라고 할 수 있다. 또한 세계의 약 60%의 개발 가능한 농지가 아프리카에 있다. 아프리카인의 약 40%이상이 중등, 고등 교육을 받고 있으며 우간다, 에티오피아, 케냐, 남아공, 가나 등지에서는 자동차도 생산하고 있을 정도의 기술력도 지니고 있다.

남아프리카 공화국, 케냐, 탄자니아와 같은 나라는 열대기후로 인해 천혜의 먹거리가 많아 미디어에서 보는 것처럼 모든 아프리카의 국가가 모두 기아난에 허덕이는 것은 아니다. 다만 현재의 아프리카 국가들의 현실적 어려움은 유럽을 비롯한 강대국들의 이권 다툼, 그리고 수출과 제조업으로 경제 성장을 이끈 경제 강국들의 환경 오염과 자원 활용으로 인한 결과이기에 이에 대한 경제 강국들은 응분의 책임을 져야하는 상황이기도 하다.

(5) 아프리카는 부족 간, 종족 간 갈등이 심하며 원래 유대감이 없다?

유럽 사람들이 아프리카 대륙에 오기 전까지는 1만 가지 이상의 인종그룹과 작은 규모의 국가, 왕국, 술탄 국가, 부족들이 있었으며 그들은 각자 서로를 인정하는 평화스러운 삶을 누려왔다. 그러나 유럽의 강대국들의 각종 이권과 침탈로 인해 아프리카는 잔혹하게 통합하고 이로 인한 내전과 갈등이 더욱 심해졌다고도 할 수 있다.

(6) 아프리카는 모두 밀림지대이다?

대부분의 지역이 초원이나 농촌 지역이기는 하지만 연평균 5%의 세계 최고의 도시화율을 기록하고 있다.

● 아프리카의 대표적 도시들

이집트의 카이로, 콩고의 킨샤사, 나이지리아의 라고스, 모로코의

카사블랑카, 남아프리카 공화국의 요하네스버그, 에티오피아의 아디스아바바, 알제리의 알제 등

(7) 아프리카 언어는 매우 단순하다?

아프리카의 언어에도 경어가 있어 어른에게 써야 하는 특수한 공경어의 표현이 존재하여 가족 간의 예의범절도 엄격하다. 따라서 아프리카 언어도 매우 과학적인 체계를 지니고 있다.

2) 우리나라와 아프리카

(1) 지금까지의 우리의 편견과 선입견

오랫동안 아프리카에 대해 무지하면서도 잘못된 편견과 선입견을 갖고 있었다. 유럽인들 역시 흑인이 많이 산다는 이유로 검은 대륙이라 지칭한 적도 있으며 이를 우리는 그대로 차용한 측면이 있다.

피부색이나 그 나라의 경제적 수준과 관련된 우리의 편견과 선입견은 아프리카를 대할 때도 그대로 적용되는 측면이 있었던 것도 사실이다.

이는 아프리카가 가난하다는 인식도 있지만 냉전 시대에 일부 아프리카 지역이 구 소련과 북한과의 교류가 많다는 점도 서로 거리를 멀게 한 원인이 되기도 하였다.

(2) 아프리카를 새롭게 인식할 수 있었던 계기

1980년대 들면서 1988년 올림픽 유치를 앞두고 주요 선진국 뿐 아니라 아프리카의 제 3세계 국가들이 지지가 절실히 필요했으며 결국 아프리카의 많은 국가들의 지지로 올림픽 개최를 확정지을 수 있었다.

전두환 대통령이 1982년 아프리카 중부 국가 4개국(케냐, 나이지리아, 가봉, 세네갈) 등을 직접 방문(물론 이때의 방문에 대해 대통령 자

신의 정치적 홍보 수단이라는 평가도 있음)하여 아프리카의 지지도를 얻어내기도 했다. 1988 서울 올림픽 개최를 통해 우리나라 국민들의 아프리카에 대한 인식을 개선하는 데 공헌한 것은 사실이다.

1990년대 들면서 한국 기업들의 중요한 판촉장으로 그리고 국제 사회의 한국이란 나라의 입지 선점에 아프리카 국가들의 협력이 절실히 필요함을 인식하기 시작했다.

2000년대 들면서 유엔기구의 사무총장을 배출하는데도 아프리카 여러 나라들의 지원과 협조가 필요하게 되었으며 아프리카와 우리나라가 서로 협력해나가야 하는 동반자라는 인식이 자리잡게 되었다.

아프리카를 흔히들 검은 대륙이라고 한다. 사실 검은색은 많은 색을 함께 가지고 있다. 우리는 그 많은 색을 지닌 것을 보지 못하고 단지 검다고만 표현한다. 검정은 아주 다채롭고 많은 것을 갖고 있는데도 말이다. 아프리카의 면모를 제대로 보지 못하고 있는 것은 마치 색상을 구별하지 못하는 것과 같은 현상이라고 할 수 있다.

아프리카는 인종 차별과 식민지 약탈이라는 아픈 상처를 갖고 있으면서도 자신의 정체성을 지키고자 노력했던 사람들의 땅이란 점을 우리는 잊어서는 안된다. 우리나라가 어려웠을 때 전 세계로부터 지원을 받았듯이 아프리카의 아픔과 함께 우리는 그들이 갖고 있는 가능성과 잠재력을 희망으로 바꿀 수 있도록 도와줄 의무도 있는 것 같다.

□ 참고자료

한국외국어대학교, 국제지역정보

장희정, 지구촌엔터테인먼트 문화탐험

루츠 판 다이크(Lutz van Dijk), 부시맨

루트 판 다이크(Lutz van Dijk), 처음 읽는 아프리카의 역사

네이버닷컴: 두산백과, 위키백과사전

지구촌 문화 비교

초 판 1쇄 발행 / 2019년 11월 30일
개정판 1쇄 발행 / 2022년 2월 28일
개정판 2쇄 발행 / 2026년 3월 13일

저자 장희정
발행처 형설출판사
경기도 파주시 회동길 37-23 · 전화 (031) 955-2361~4 · 팩시밀리 (031) 955-2341
발행인 장진혁
등록 라-제9호 · 1962년 5월 1일
홈페이지 http://www.hyungseul.co.kr
e-mail hs@hyungseul.co.kr

정가 16,000원

ISBN 978-89-472-8600-8 93380

Comparison of The Global Culture

지구촌 문화 비교